Grundschule

Sabrina Hinrichs

Musik-Rätsel

... für die Grundschule

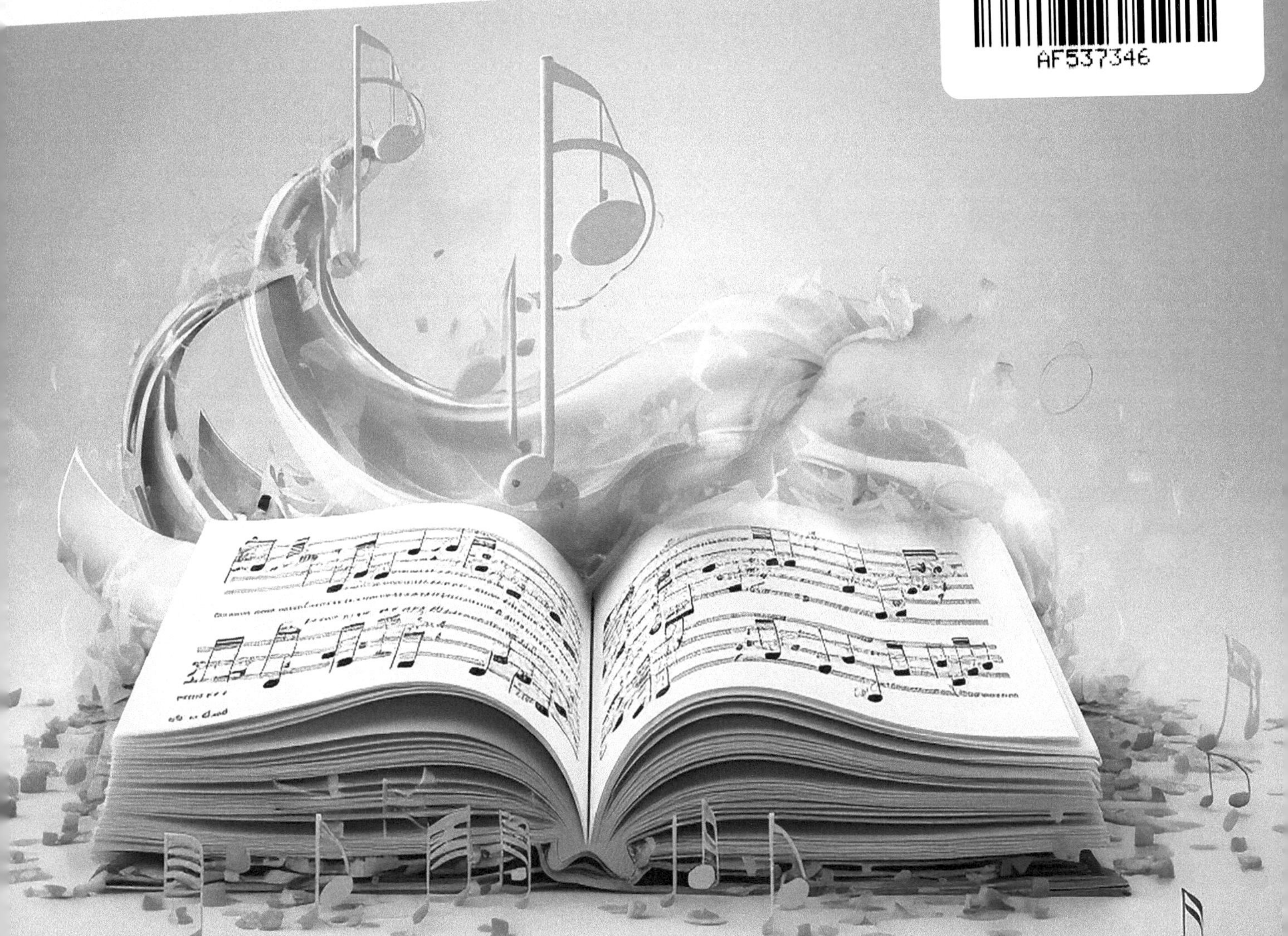

Bunter Rätsel-Mix zu verschiedenen Themen des Musikunterrichts

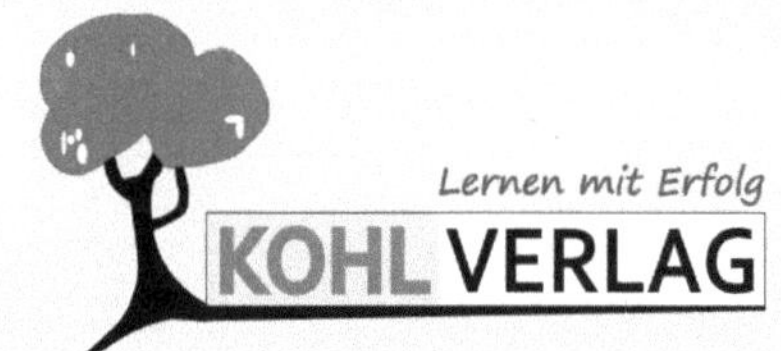

Musikrätsel für die Grundschule

3. Auflage 2025

Inhalt: Sabrina Hinrichs
Umschlagbild: © kichigin19 – AdobeStock.com
Redaktion: Kohl-Verlag
Grafik & Satz: Kohl-Verlag
Druck: Elanders Druck, Waiblingen

Bestell-Nr. 13 080

ISBN: 978-3-98841-144-0

Bildquellen © AdobeStock.com:
S. 2: © Africa Studio; S. 3: © KUU; S. 4: © Peter Koegler; S. 5: © Olga, Peter Hermes Furian; S. 6: © Helga, Peter Hermes Furian; S. 7: © Lek, Reytr, katerina_dav, Peter Hermes Furian; S. 8/9: © Cute Clipart Things, fotohansel, Artem, Rudvi, luisrftc, PATTARAWIT, Peter Hermes Furian; S. 10: © Peter Hermes Furian, brgfx; S. 11: © Dr. N. Lange, Flash concept, Peter Heimpel, LUPACO PNG, Klaus Eppele, New Africa, dguillaume, Destina, Oleksandr Pokusai, styleuneed, fotograf-halle, Henry Schmitt, trodler1, 4th Life Photography, spaxiax, Henry Schmitt; S. 12: © Peter Hermes Furian, Marina; S. 13: © NATTIYAPP, Irina; S. 14: © ARTYuSTUDIO, Klaus Eppele, Nur Fatihah, Perfect PNG, Liliya, sitam77, Guido Khoury, Dr. N. Lange, Flash concept, Peter Heimpel, LUPACO PNG, Klaus Eppele, New Africa, dguillaume, Destina, Oleksandr Pokusai, styleuneed, Henry Schmitt, trodler1, 4th Life Photography, spaxiax, fotograf-halle; S. 15: © pbombaert, sitam77, Klaus Eppele, New Africa, spaxiax; S. 16: © Klaus Eppele, BNP Design Studio, Liliya, Flash concept, Peter Heimpel, dguillaume, trodler1, 4th Life Photography, spaxiax, Henry Schmitt; S. 17: © ARTYuSTUDIO, Adrian, Perfect PNG, Liliya, Dr. N. Lange, Flash concept, Peter Heimpel, Klaus Eppele, dguillaume, Oleksandr Pokusai, styleuneed, 4th Life Photography, spaxiax, fotograf-halle, Henry Schmitt; S. 18: © ValentinValkov, m.bonotto, Arturo Limón, PITCOM, 279photo, BGStock72, Osvaldo, gupu, m_a, geniuskp, molotok289, Reytr; S. 19: © ValentinValkov, m.bonotto, Elvis, PBaishev, nahariyani100, Peter Hermes Furian, Klaus Eppele, Thomas, Diana Wolfraum, Arturo Limón, BGStock72, gupu, m_a, geniuskp, molotok289, Reytr, 279photo; S. 20: © MINIWIDE, styleuneed, Henry Schmitt, Destina, Nur Fatihah, Henry Schmitt, Guido Khoury, Liliya; S. 21: © ARTYuSTUDIO, Klaus Eppele, Shooting Star Std, onetime, Perfect PNG, Nur Fatihah, Liliya, Guido Khoury, Dr. N. Lange, Flash concept, Peter Heimpel, LUPACO PNG, New Africa, dguillaume, Destina, fotograf-halle, Henry Schmitt, trodler1, 4th Life Photography, spaxiax; S. 22: goce risteski; S. 23: Vinh; S. 24: © ARTYuSTUDIO, Klaus Eppele, umnola, Liliya, Dr. N. Lange, Flash concept, dguillaume, trodler1, 4th Life Photography, fotograf-halle, Henry Schmitt; S. 28: © Tatik22, Macrovector; S. 29: © Johann Pavelka, TTStock, Hieronymus Ukkel, mitzo_bs, Katherine Welles, Baranov, Elenarts, wagner_md, Dan Breckwoldt, dbrnjhrj, VinyLove Foto, Bumble Dee; S. 30: © TenWit, Arcady, Archivist, Georgios Kollidas; S. 31: © nickolae, Juulijs, Ivio, nickolae, caifas, Silvio; S. 32: © Georgios Kollidas, nickolae, Juulijs; S. 33: © nickolae, Juulijs, Popova Olga, nickolae; S. 34: © Zazu; S. 35: © nickolae, TenWit, Archivist, Juulijs; S. 36: © MicroOne, The img; S. 37: © natchapohn; S. 38: © anko_ter, pyty; S. 39: © YY apartment, Kavalenkava; S. 40: © Veysel, Glassseeker, Gstudio, media; S. 41: © LadadikArt, Acento Creativo; S. 42: © Gstudio, watcartoon, Oleksandr Pokusai, CoolFinger1, honeyflavour, nahariyani100, Liliya, Flash concept, Klaus Eppele, dguillaume, fotograf-halle, 4th Life Photography, □□□□□; S. 43: © Lek, Reytr, katerina_dav, Peter Hermes Furian; S. 45: © fotograf-halle, ARTYuSTUDIO, Klaus Eppele, Perfect PNG, Nur Fatihah, Liliya, Guido Khoury, Dr. N. Lange, Flash concept, Peter Heimpel, LUPACO PNG, New Africa, dguillaume, Destina, Henry Schmitt, trodler1, 4th Life Photography, spaxiax; S. 46: © fotograf-halle, ARTYuSTUDIO, Klaus Eppele, goce risteski, Liliya, Dr. N. Lange, Flash concept, dguillaume, trodler1, 4th Life Photography, Henry Schmitt; S. 5-42: © Helga;

Bildquellen © wikipedia: S. 30: © over_Chair_Bain, S. 32: © Dmitri_Shostakovich_credit_Deutsche_Fotothek_adjusted

Kontakt: Kohl-Verlag, An der Brennerei 37-45, 50170 Kerpen
Tel: +49 2275 331610, Mail: info@kohlverlag.de

Inhaltsverzeichnis

Vorwort

Dieses Rätselheft beinhaltet einen bunten Rätsel-Mix zu verschiedenen Themen des Musikunterrichts in der Grundschule. Kreuzworträtsel, Gitterrätsel, Silbenrätsel, Geheimschriften, Rebusrätsel und viele weitere Rätselformen wechseln sich dabei ab. Die Schüler/innen erarbeiten sich beim Lösen der Rätsel neue Lerninhalte oder vertiefen ihr bereits vorhandenes Wissen. Die Rätsel eignen sich gut für die Freiarbeit, für Vertretungsstunden, als Hausaufgabe oder als Zusatzmaterial. Zu den Themen Notenwerte, Taktarten, Instrumentenkunde, Komponisten und zu verschiedenen Musikstücken finden Sie Rätsel in verschiedenen Niveaustufen.

Viel Spaß beim Rätseln wünschen der Kohl-Verlag und

Sabrina Hinrichs

Zu folgenden Rätseln finden Sie an dieser Stelle Hinweise:

Rätsel 4 (Rhytmusrätsel): Die Rhythmen müssen – damit die Schüler das Rätsel lösen können – von der Lehrkraft in einer bestimmten Reihenfolge (Angabe unter dem Rätsel) vorgespielt werden. Unabhängig vom Rätsel können die verschiedenen Rhythmen von den Schülern auf Orff-Instrumenten gespielt werden.

Rätsel 8: Damit die Schüler das Rätsel lösen können, müssen von der Lehrkraft nacheinander vier Akkorde (Dur oder moll) vorgespielt werden. Das Rätsel kann mehrmals gelöst werden. Es ergibt sich jeweils am Ende des Weges ein Instrument.

Die Rätsel 30 bis 36 behandeln verschiedene Musikstücke und setzen voraus, dass die Werke im Unterricht gehört und besprochen wurden.

Notenbild 1 (Thema Notenwerte)

Aufgabe 1: *Male alle Viertelnoten an. Du erhältst ein Bild.*

𝅘𝅥𝅯	𝅗𝅥	𝅘𝅥𝅯	𝅘𝅥𝅮	𝅝	𝅗𝅥	𝅘𝅥𝅮	𝅘𝅥	𝅝	𝅗𝅥	𝅘𝅥𝅮	𝅘𝅥𝅯	𝅗𝅥	𝅝	𝅘𝅥𝅮	𝅗𝅥
𝅘𝅥𝅮	𝅝	𝅗𝅥	𝅗𝅥	𝅘𝅥𝅯	𝅝	𝅘𝅥	𝅘𝅥𝅯	𝅘𝅥	𝅘𝅥𝅯	𝅗𝅥	𝅘𝅥𝅯	𝅘𝅥𝅮	𝅘𝅥𝅯	𝅘𝅥𝅮	𝅗𝅥
𝅗𝅥	𝅘𝅥𝅯	𝅝	𝅘𝅥𝅯	𝅗𝅥	𝅝	𝅘𝅥	𝅗𝅥	𝅘𝅥	𝅝	𝅘𝅥𝅮	𝅗𝅥	𝅘𝅥𝅯	𝅘𝅥𝅯	𝅗𝅥	𝅘𝅥𝅯
𝅘𝅥𝅯	𝅗𝅥	𝅘𝅥𝅮	𝅘𝅥𝅯	𝅘𝅥𝅮	𝅘𝅥𝅯	𝅗𝅥	𝅘𝅥	𝅝	𝅘𝅥𝅯	𝅘𝅥𝅮	𝅘𝅥𝅯	𝅝	𝅘𝅥𝅮	𝅘𝅥𝅮	𝅝
𝅝	𝅘𝅥𝅯	𝅗𝅥	𝅘𝅥𝅮	𝅘𝅥𝅯	𝅝	𝅘𝅥	𝅘𝅥	𝅘𝅥	𝅘𝅥𝅮	𝅘𝅥𝅯	𝅝	𝅗𝅥	𝅗𝅥	𝅘𝅥𝅯	𝅘𝅥𝅮
𝅘𝅥𝅯	𝅘𝅥𝅮	𝅝	𝅘𝅥𝅯	𝅘𝅥𝅮	𝅘𝅥	𝅝	𝅗𝅥	𝅘𝅥	𝅘𝅥	𝅘𝅥𝅯	𝅗𝅥	𝅝	𝅘𝅥𝅯	𝅘𝅥𝅮	𝅝
𝅗𝅥	𝅗𝅥	𝅘𝅥𝅯	𝅗𝅥	𝅝	𝅘𝅥	𝅗𝅥	𝅘𝅥	𝅘𝅥𝅯	𝅘𝅥	𝅗𝅥	𝅘𝅥𝅯	𝅘𝅥𝅮	𝅘𝅥𝅯	𝅝	𝅘𝅥𝅮
𝅝	𝅘𝅥𝅮	𝅘𝅥𝅯	𝅝	𝅗𝅥	𝅘𝅥𝅮	𝅘𝅥	𝅘𝅥	𝅘𝅥	𝅘𝅥𝅮	𝅘𝅥𝅯	𝅝	𝅘𝅥𝅯	𝅝	𝅘𝅥𝅮	𝅗𝅥
𝅝	𝅘𝅥𝅮	𝅘𝅥𝅯	𝅝	𝅗𝅥	𝅘𝅥𝅮	𝅘𝅥	𝅘𝅥	𝅘𝅥	𝅘𝅥𝅮	𝅘𝅥𝅯	𝅝	𝅘𝅥𝅯	𝅝	𝅘𝅥𝅮	𝅗𝅥
𝅝	𝅗𝅥	𝅘𝅥𝅯	𝅝	𝅘𝅥𝅮	𝅝	𝅘𝅥𝅯	𝅘𝅥	𝅝	𝅘𝅥𝅯	𝅗𝅥	𝅘𝅥𝅯	𝅘𝅥𝅯	𝅗𝅥	𝅝	𝅘𝅥𝅯
𝅘𝅥𝅮	𝅝	𝅘𝅥𝅯	𝅘𝅥𝅯	𝅗𝅥	𝅘𝅥𝅯	𝅝	𝅘𝅥	𝅘𝅥𝅮	𝅘𝅥𝅯	𝅝	𝅘𝅥𝅯	𝅘𝅥𝅯	𝅝	𝅘𝅥𝅯	𝅝
𝅘𝅥𝅯	𝅗𝅥	𝅝	𝅘𝅥𝅮	𝅘𝅥𝅮	𝅘𝅥	𝅗𝅥	𝅘𝅥	𝅘𝅥𝅯	𝅗𝅥	𝅗𝅥	𝅘𝅥𝅯	𝅝	𝅗𝅥	𝅘𝅥𝅯	𝅗𝅥
𝅘𝅥𝅮	𝅘𝅥𝅯	𝅗𝅥	𝅝	𝅘𝅥𝅯	𝅘𝅥𝅮	𝅘𝅥	𝅝	𝅘𝅥𝅯	𝅘𝅥𝅮	𝅝	𝅝	𝅘𝅥𝅯	𝅘𝅥𝅮	𝅘𝅥𝅮	𝅝

KOHL VERLAG
Musikrätsel für die Grundschule
Bunter Rätsel-Mix zu verschiedenen Themen des Musikunterrichts – Bestell-Nr. 13 080

Notenbild 2 (Thema Notenwerte)

<u>**Aufgabe 2**</u>: *Male alle halben Noten an. Du erhältst ein Bild.*

♩	𝅘𝅥𝅯	♪	♪	♩	♩	𝅗𝅥	𝅗𝅥	𝅗𝅥	𝅗𝅥	𝅝	♩	♩	𝅝
𝅘𝅥𝅯	♩	𝅘𝅥𝅯	𝅝	♪	𝅗𝅥	♪	𝅝	𝅘𝅥𝅯	♩	𝅗𝅥	♪	𝅝	♪
𝅝	♩	𝅝	♪	𝅘𝅥𝅯	𝅗𝅥	𝅘𝅥𝅯	♩	♪	𝅝	♪	𝅗𝅥	♩	𝅝
♩	𝅝	♪	𝅝	♩	♪	𝅗𝅥	𝅗𝅥	♪	♩	𝅘𝅥𝅯	𝅗𝅥	𝅘𝅥𝅯	♩
♪	𝅝	𝅘𝅥𝅯	♩	𝅝	♩	𝅘𝅥𝅯	𝅝	♩	𝅘𝅥𝅯	♪	𝅗𝅥	♩	♪
♩	𝅘𝅥𝅯	♪	𝅝	♪	♪	♩	𝅘𝅥𝅯	𝅝	𝅘𝅥𝅯	𝅗𝅥	♩	♪	𝅘𝅥𝅯
𝅘𝅥𝅯	♪	𝅝	♩	♩	𝅘𝅥𝅯	♩	𝅝	♪	𝅗𝅥	𝅝	♪	𝅘𝅥𝅯	♩
𝅝	♩	𝅘𝅥𝅯	𝅘𝅥𝅯	𝅝	♩	𝅘𝅥𝅯	♪	𝅗𝅥	𝅘𝅥𝅯	♩	𝅝	♪	♪
♪	𝅝	♪	♩	♪	𝅝	𝅘𝅥𝅯	𝅗𝅥	♩	♩	𝅘𝅥𝅯	𝅝	𝅝	♩
𝅘𝅥𝅯	♩	♩	𝅝	♪		𝅗𝅥	𝅝	♪	𝅝	♪	𝅘𝅥𝅯	♩	𝅝

Rhythmusweg (Thema Notenwerte)

Aufgabe 3: *Der Junge sucht seine Trommel. Der folgende Rhythmus weist dir den Weg durch das Notenlabyrinth.*

♩	♫	𝅗𝅥	𝅗𝅥	♩	♫	𝅗𝅥	♩	♫
𝅗𝅥	𝅝	♩	𝅗𝅥	𝅗𝅥	𝅝	♫	♩	𝅗𝅥
♩	♩	♫	♩	♫	♫	𝅗𝅥	♫	♫
𝅗𝅥	♩	𝅗𝅥	𝅝	♩	𝅝	♩	𝅗𝅥	♩
♫	♫	𝅝	♫	𝅗𝅥	♫	♫	𝅗𝅥	♩
♫	𝅗𝅥	♩	♩	𝅗𝅥	♩	♩	𝅝	♫
𝅝	𝅗𝅥	♫	𝅝	𝅝	𝅗𝅥	♫	𝅝	𝅗𝅥
♩	♩	♫	𝅗𝅥	♩	♫	♫	♫	♩
𝅗𝅥	𝅝	♩	♫	𝅝	♩	𝅝	𝅗𝅥	𝅗𝅥
𝅝	𝅗𝅥	𝅗𝅥	𝅝	♫	𝅝	𝅗𝅥	♩	𝅗𝅥
𝅗𝅥	♫	𝅝	♩	𝅗𝅥	♩	𝅝	♫	♩
𝅗𝅥	𝅝	♫	𝅗𝅥	♩	♫	♫	𝅗𝅥	♩

Rhythmusrätsel

Aufgabe 4: *Dir werden nacheinander 9 verschiedene Rhythmen vorgespielt. In welcher Reihenfolge hörst du die folgenden Rhythmen? Trage die Ziffern 1 bis 9 nach der gehörten Reihenfolge in die Kreise der jeweiligen Feldern ein. Die Buchstaben in den Feldern ergeben in der richtigen Reihenfolge ein Lösungswort.*

W	E	T
R	N	N
O	E	T

Lösungswort: ______________________

SPIELANWEISUNG FÜR DIE LEHRKRAFT

1	2	3	4	5
6	7	8	9	Lösungswort: NOTENWERT

Im Takt (Thema Taktarten)

Aufgabe 5: *Male alle 4/4 Takte an. Du erhältst ein Bild.*

♪♪♩	♩𝅗𝅥	𝅗𝅥♩♩♩	𝅗𝅥♪♪♩	♩♩♪♪	𝅗𝅥𝅗𝅥
♩𝅗𝅥	♩♩♩	♪♪♪♪	♩♩♪♪♩	♩♩♩	♩♩♩♩
♪♪♩♩	𝅗𝅥♩♩	♩♩	𝅗𝅥♩♩	♪♪♪♪	𝅗𝅥♩♩
𝅗𝅥♩	𝅗𝅥♪♪	♩♩♩	♪♪♩♪♪♩	♩𝅗𝅥	𝅗𝅥♪♪♩
♪♪♪♪	♩♩♩♪♪	♩𝅗𝅥	♩♩♩♪♪	♪♪	♩♩𝅗𝅥
♩♩♩	♪♪♩	♪♪♩♩	♩♩♩♩	♩♪♪	𝅗𝅥𝅗𝅥
♩♩	♩𝅗𝅥	♩𝅗𝅥	𝅗𝅥♪♪♩	𝅗𝅥♩	♩♪♪𝅗𝅥

Musikalische Zeichen

Aufgabe 6: *Welche Zeichen haben etwas mit Musik zu tun? Die Buchstaben hinter den musikalischen Zeichen ergeben ein Lösungswort.*

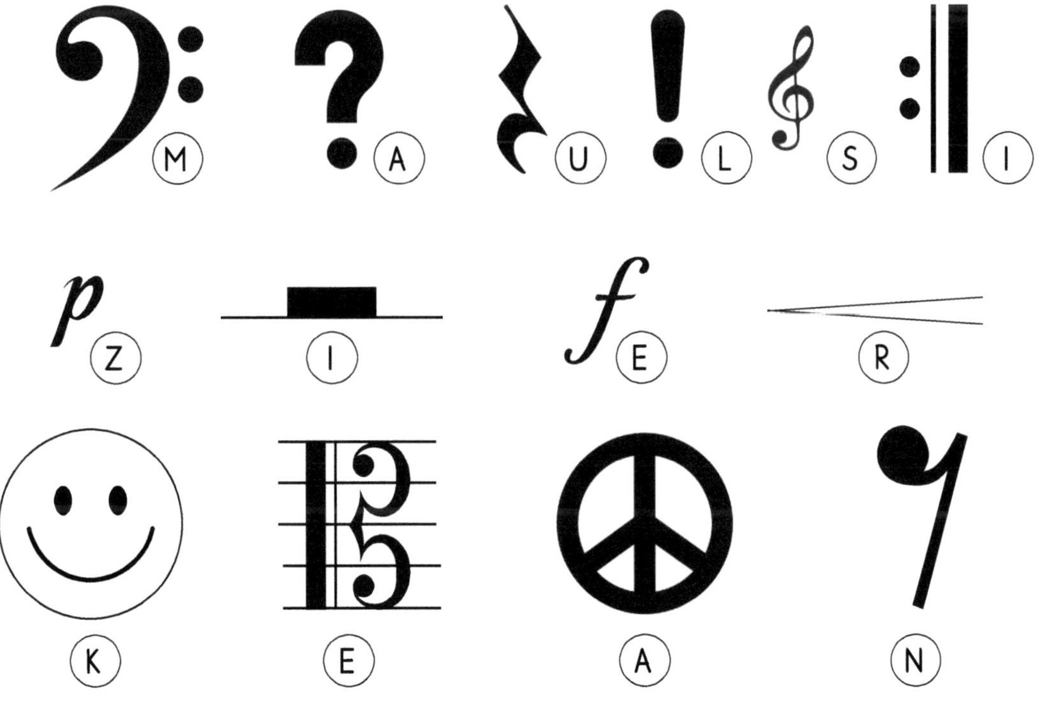

Lösungswort: ______________________________

Musikrätsel für die Grundschule
Bunter Rätsel-Mix zu verschiedenen Themen des Musikunterrichts – Bestell-Nr. 13 080
KOHL VERLAG

Musiksudoku (Thema Tonhöhen)

<u>Aufgabe 7</u>: *Löse das Sudoku. Es ergibt sich eine bekannte Melodie.*

	7		
		4	5, 8
1, 3		6	
		9	2

Übertrage die Noten der markierten Felder entsprechend der Nummer. Wenn du ein Instrument hast, dann spiele die Melodie. Wie heißt der Song?

1 2 3 4 5 6 7 8 9 10

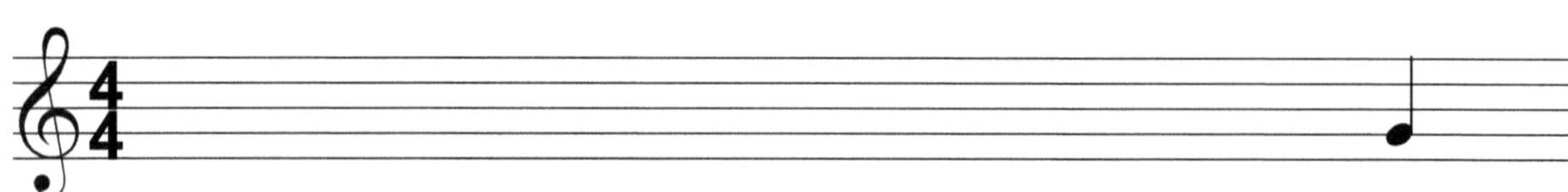

Lösungsmelodie: ________________________________

Musikrätsel für die Grundschule

Dur und moll

Aufgabe 8: *Dir werden nacheinander vier Akkorde vorgespielt. Handelt es sich dabei um Dur- oder moll-Akkorde? Verfolge dabei entsprechend die Wege auf dem folgenden Bild. Du erreichst am Ende ein bestimmtes Instrument.*

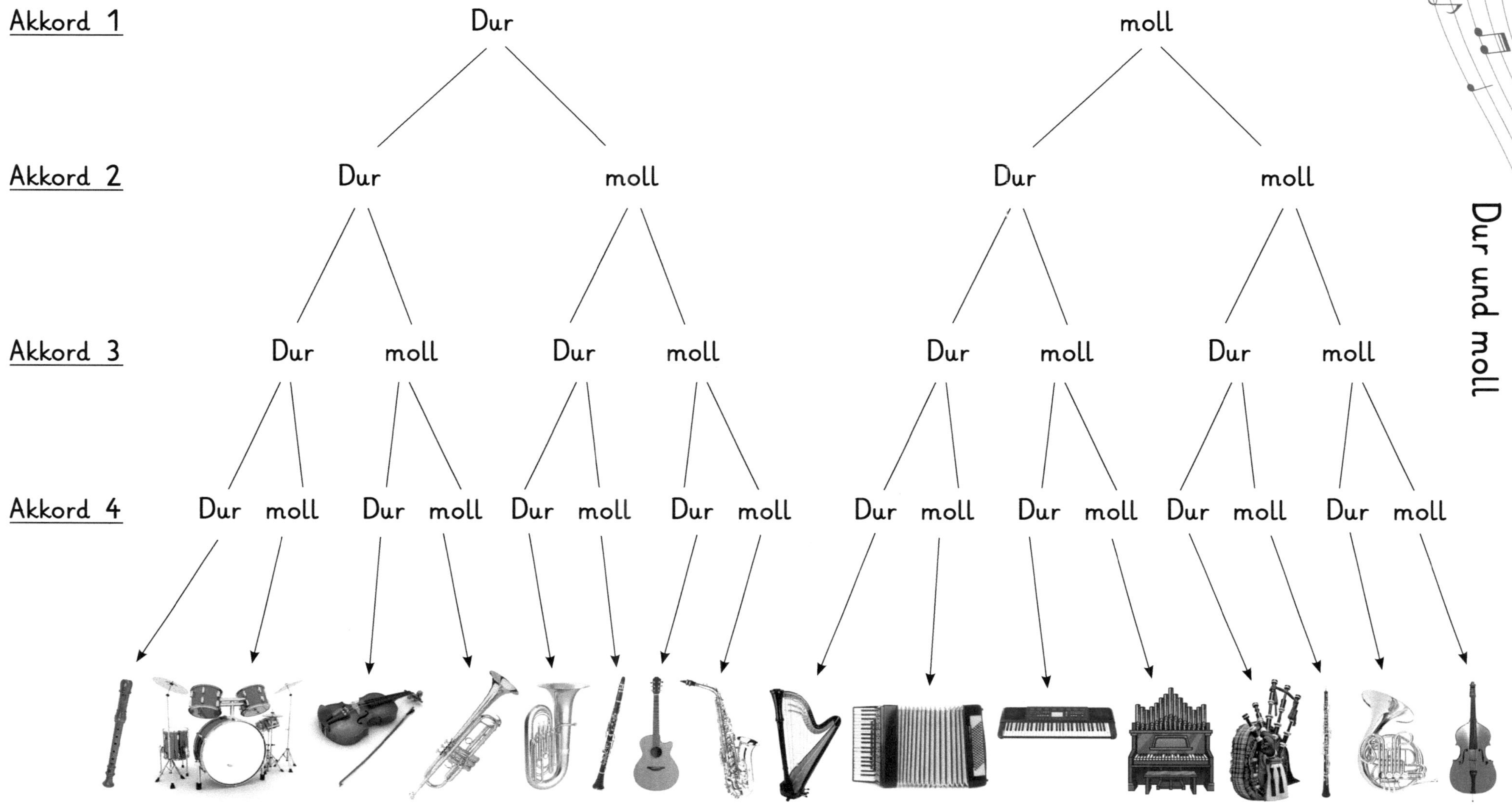

Akkord 1: Dur | moll

Akkord 2: Dur | moll | Dur | moll

Akkord 3: Dur | moll | Dur | moll | Dur | moll | Dur | moll

Akkord 4: Dur | moll | Dur | moll | Dur | moll | Dur | moll | Dur | moll | Dur | moll | Dur | moll | Dur | moll

KOHL VERLAG
Musikrätsel für die Grundschule
Bunter Rätsel-Mix zu verschiedenen Themen des Musikunterrichts – Bestell-Nr. 13 080

Notengeheimschrift

Aufgabe 9: *Füge die Notennamen unterhalb der Noten ein.*
Es ergeben sich Wörter.

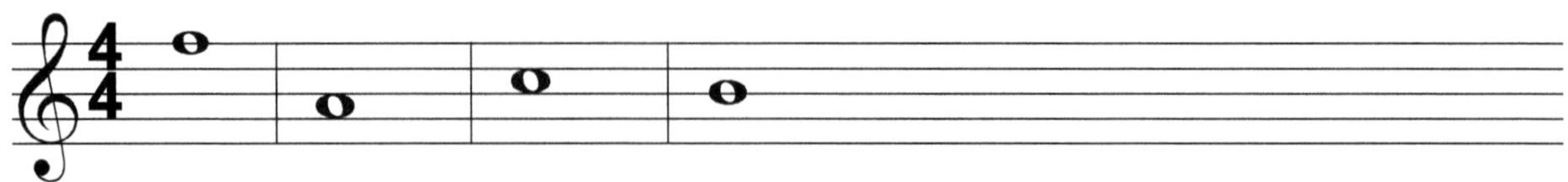

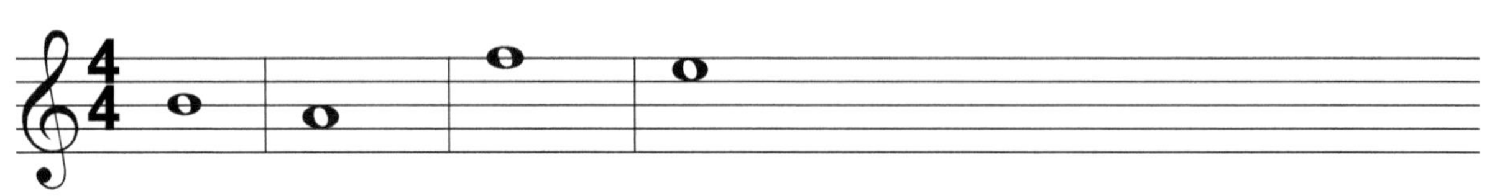

_____ _____ _____ _____ N

_____ _____ _____ _____ _____ N _____ NIS

_____ _____ _____ _____ _____ _____ R

S _____ _____ _____ _____ _____

L _____ _____ _____ _____ N

Piano-Geheimschrift

<u>Aufgabe 10</u>: *Notiere zu den angegebenen Tasten der Klaviertastatur jeweils die Notennamen. Du erhältst Lösungswörter.*

1., 7, 10. und 11. weiße Taste ______________

2., 6., 8. und 7. weiße Taste ______________

6., 4., 11. und 10. weiße Taste ______________

5. und 3. Taste, Buchstabe I, 12. und 10. weiße Taste ______________

5., 6., 12. und 10. weiße Taste ______________

7. und 6. Taste, Buchstabe R, 4. und 3. weiße Taste ______________

Stabspiel-Rätselspiel

<u>Aufgabe 11</u>: *Wie lauten die Notennamen der angegebenen Klangplatten? Es ergeben sich Lösungswörter.*

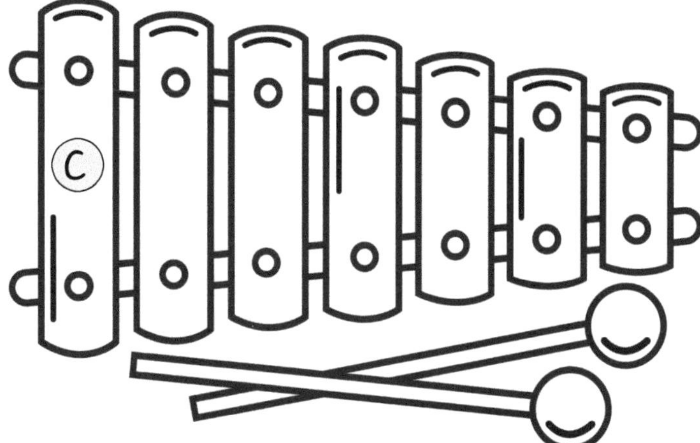

7. Klangplatte, 3. Klangplatte, 4. Klangplatte, 3. Klangplatte

5. Klangplatte, 3. Klangplatte, 7. Klangplatte, 3. Klangplatte,
5. Klangplatte, 3. Klangplatte

4. Klangplatte, 3. Klangplatte, Buchstabe I, 5. Klangplatte, 3. Klangplatte

6. Klangplatte, 2. Klangplatte, 3. Klangplatte

KOHL VERLAG
Musikrätsel für die Grundschule
Bunter Rätsel-Mix zu verschiedenen Themen des Musikunterrichts – Bestell-Nr. 13 080

Instrumentensuche

<u>Aufgabe 12</u>: *Ordne jedem Instrumentennamen (links) das entsprechende Bild (rechts) zu und übertrage den Buchstaben.*

Instrument	Buchstabe
Geige	S
Fagott	
Harfe	
Horn	
Keyboard	
Oboe	
Schlagzeug	
Querflöte	
Trompete	
Saxophon	
Blockflöte	
Dudelsack	
E-Gitarre	
Ukulele	
Posaune	
Cello	
Orgel	
Akkordeon	
Mundharmonika	
Tuba	
Kontrabass	
E-Bass	
Gitarre	
Klarinette	

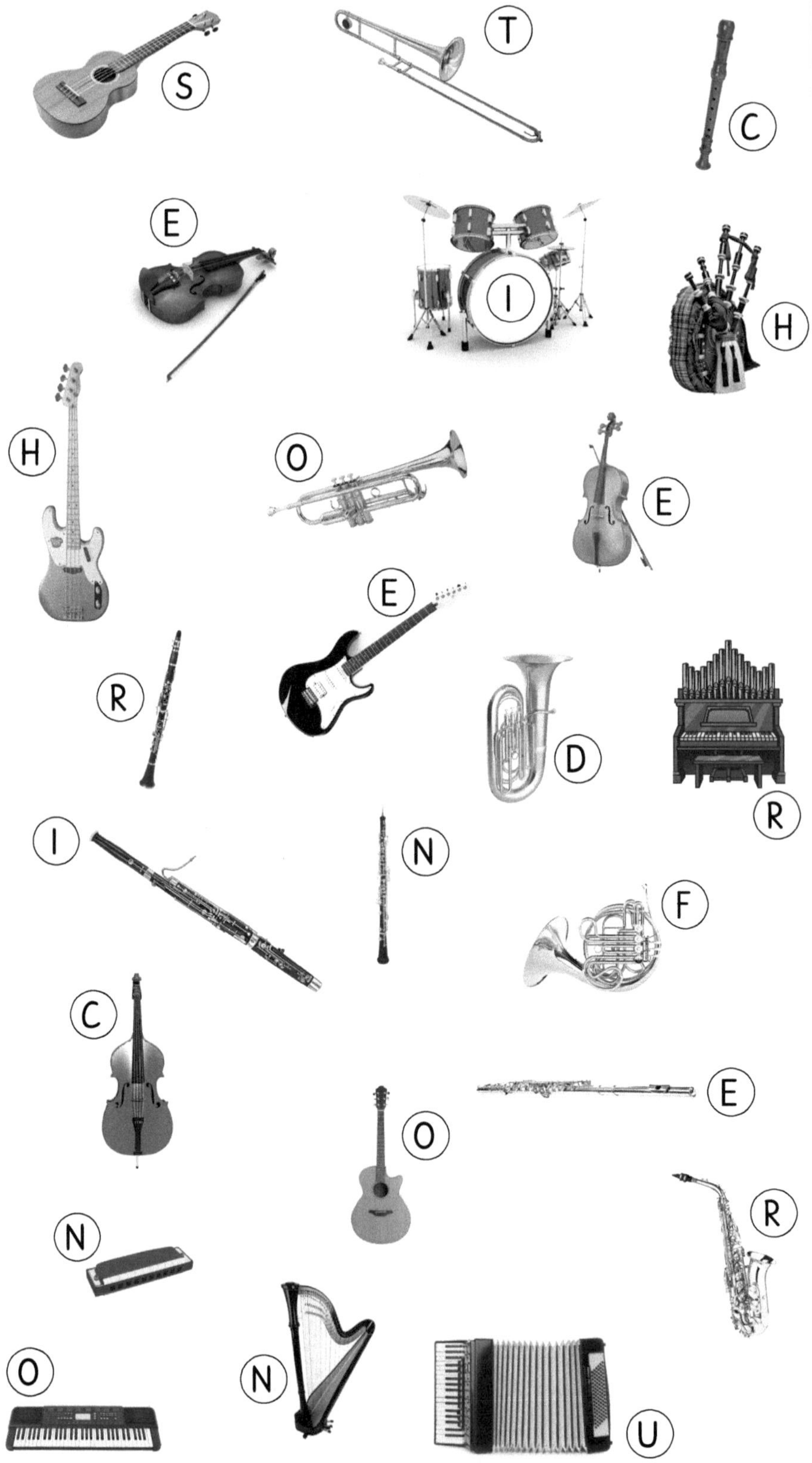

Lösungswörter	

Stradivarisuche

<u>Aufgabe 13</u>: *In einem Instrumentenladen liegen im Regal verschiedene Instrumente: Akkordeon, Gitarre, Flöte, Mundharmonika und Geige. In einem der Geigenkästen befindet sich eine Stradivari. Diese findest du, wenn du folgende Hinweise beachtest:*

- Die Stradivari befindet sich unter einer Mundharmonika.
- Die Stradivari befindet sich neben einer Flöte.
- Die Stradivari befindet sich über einer Flöte.

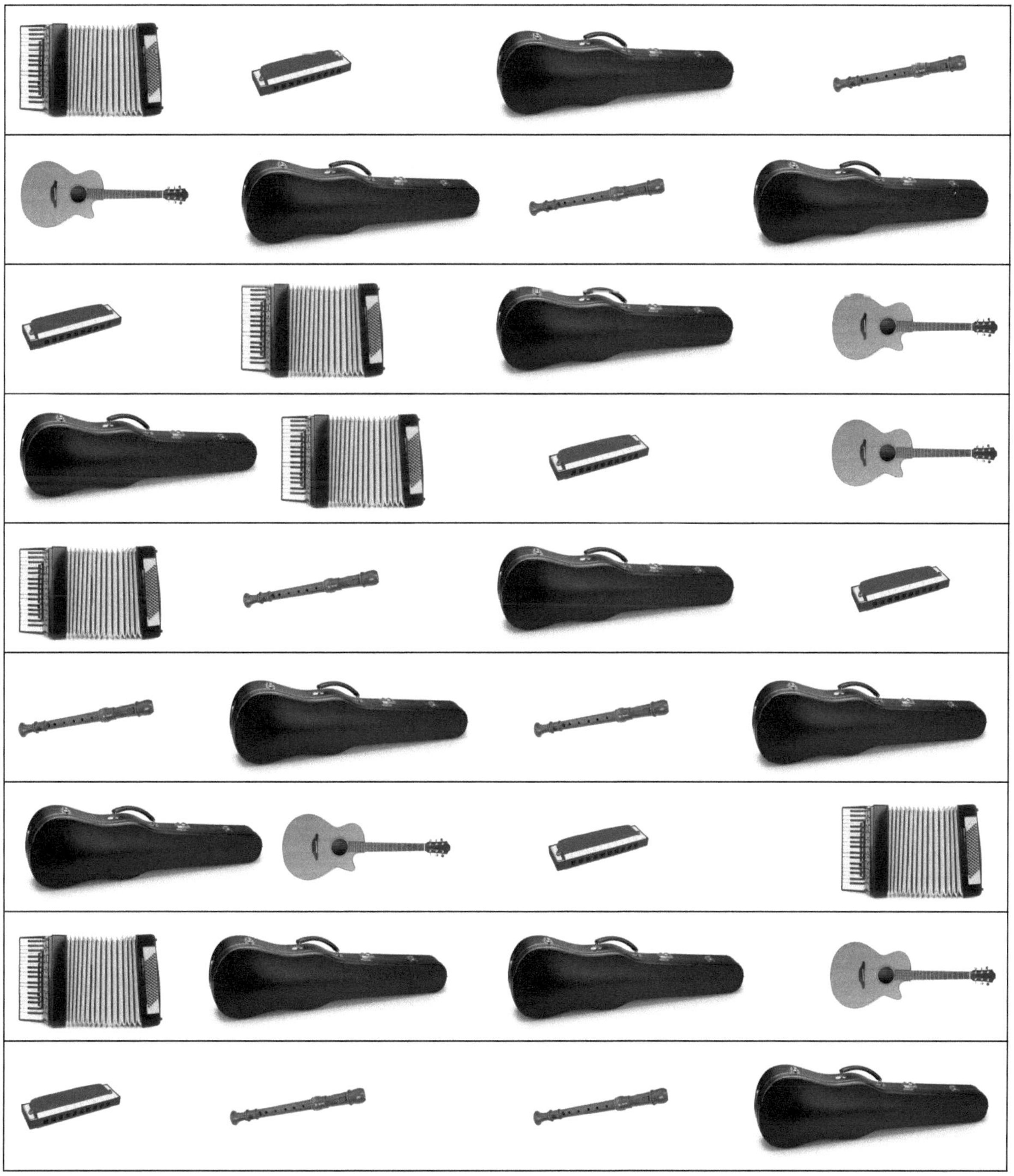

KOHL VERLAG
Musikrätsel für die Grundschule
Bunter Rätsel-Mix zu verschiedenen Themen des Musikunterrichts – Bestell-Nr. 13 080

Rebus-Instrumenten-Rätsel

<u>Aufgabe 14</u>: *Löse die Rebus-Rätsel und ordne den entstehenden Instrumentennamen jeweils das passende Bild zu.*

HUFE	2.→ AR			S
GEISTER	4.→ G, 5. weg, 7. weg		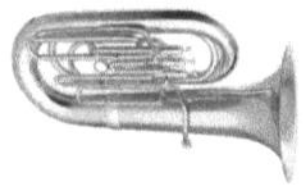	N
KRÖTE	1.→ F, 2. → L		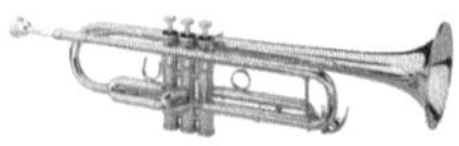	U
GRIMASSE	2. weg, 4. → T, 6.→ R, 7.→ R			I
U-BOOT	1.→ O, 4. weg, 5.→ E			M
TROMMEL	5.→ P, 7. → TE			R
CHARLOTTE	1. weg, 2.→ F, 4. weg, 5.→ G, 9. weg		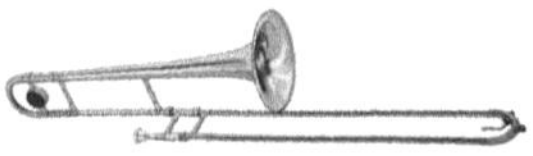	T
ZORN	1.→ H			N
TUBE	4. → A		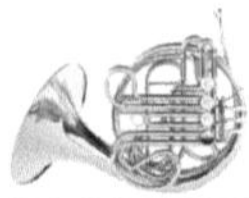	E
DAMPFSAUNA	1.-3. weg, 5. → O, 10.→ E			T

Lösungswort: ______________________________

Instrumente kreuz und quer

Aufgabe 15: *Löse das Kreuzworträtsel. Trage dazu die Namen der Instrumente ins Rätsel ein.*

3

8

16

1	2	3	4	5	6	7	8	9	10

5

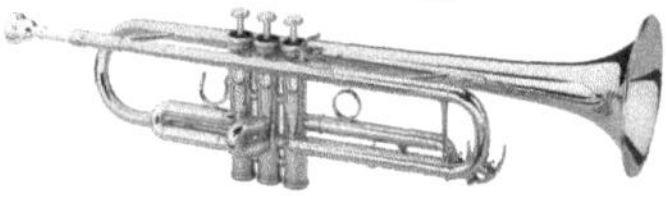

1

9

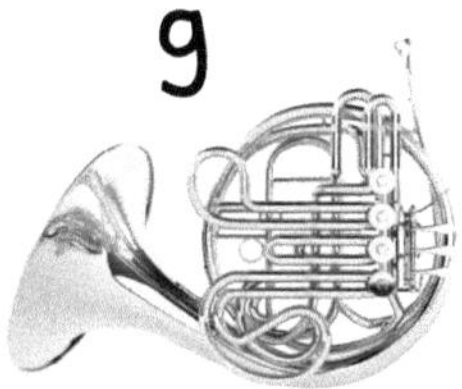

13

15

2

7

11

14

10

12

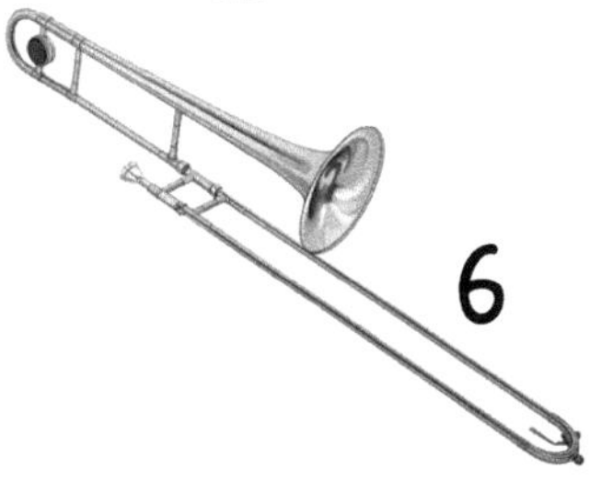

6

4

Musikrätsel für die Grundschule
Bunter Rätsel-Mix zu verschiedenen Themen des Musikunterrichts – Bestell-Nr. 13 080
KOHL VERLAG

Buchstabenchaos (Thema Orff-Instrumente)

Aufgabe 16: *Die Namen der Orff-Instrumente sind durcheinandergeraten. Bringe die Buchstaben wieder in die richtige Reihenfolge und ordne den Instrumenten das passende Bild zu.*

~~GIRTALEN~~	TRIANGEL	M
UROGI		
CGKÖNCLHE		
BUMTARNI		
MYLZBEN		
GRALHZÖKENL		
BEJDEM		
TELÖF		
TNATESAGTEKN		
SARLES		
FEPEFI		
LOYXHOPN		

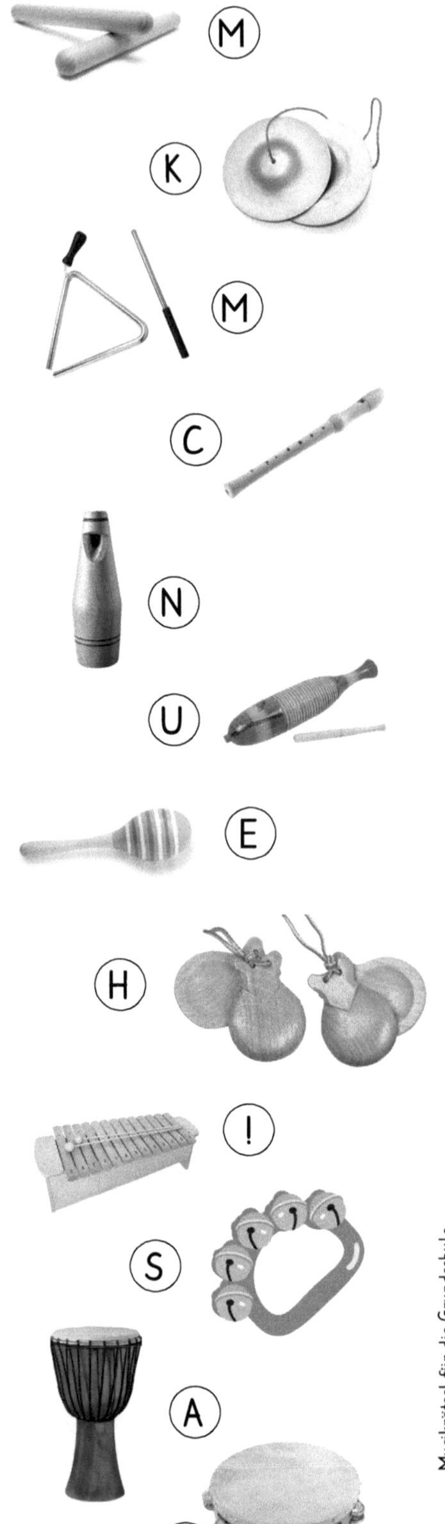

Lösungswort: ______________________________

Instrumentendomino (Thema Orff-Instrumente)

Aufgabe 17: *Die Buchstaben am rechten Kartenrand ergeben in der richtigen Reihenfolge eine Lösung.*

START	Rührtrommel	S
	Glockenspiel	U
	Pauke	E
	Agogo	T
	Holzblocktrommel	R
	Tamburin	T
	Guiro	L
	Zymbeln	Z
	Flöte	I
	Kastagnetten	L
	Djembe	B
	Rassel	A
	Cabasa	M
	Triangel	S
	Becken	N
	Schellenring	O
	Xylophon	N
	Klanghölzer	H

Lösung: ______________________________

Kreuzworträtsel Bandinstrumente

Aufgabe 18: *Trage die Bandinstrumente, die du auf den Bildern siehst, ins Kreuzworträtsel ein. Es ergibt sich in den hellgrauen Feldern ein Lösungswort.*

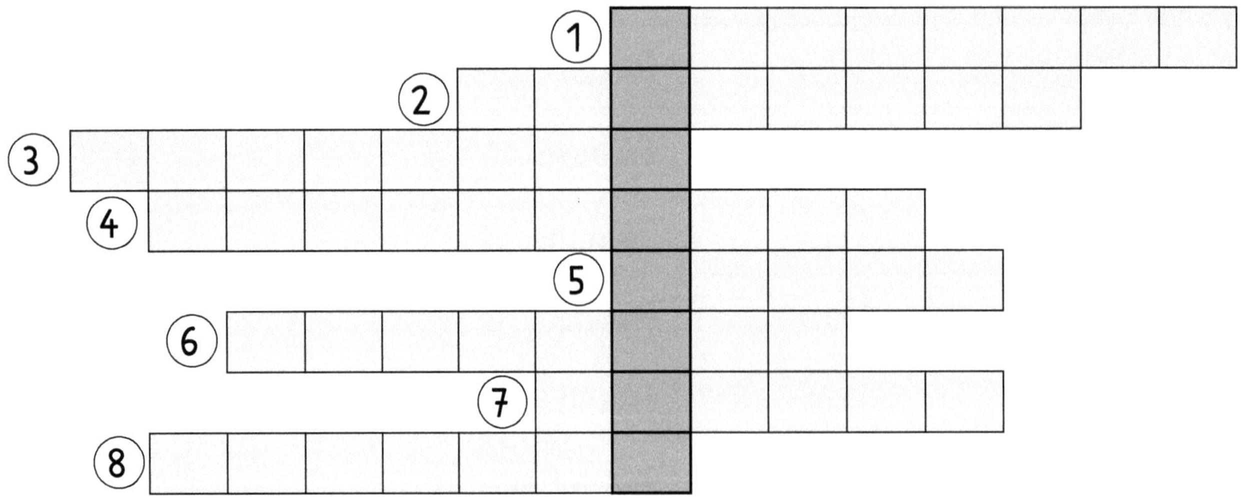

Orchestermuster (Thema Orchesterinstrumente)

<u>**Aufgabe 19**</u>: *Welche der folgenden Musikinstrumente sind Orchesterinstrumente? Male alle Orchesterinstrumente an. Es entsteht ein Muster.*

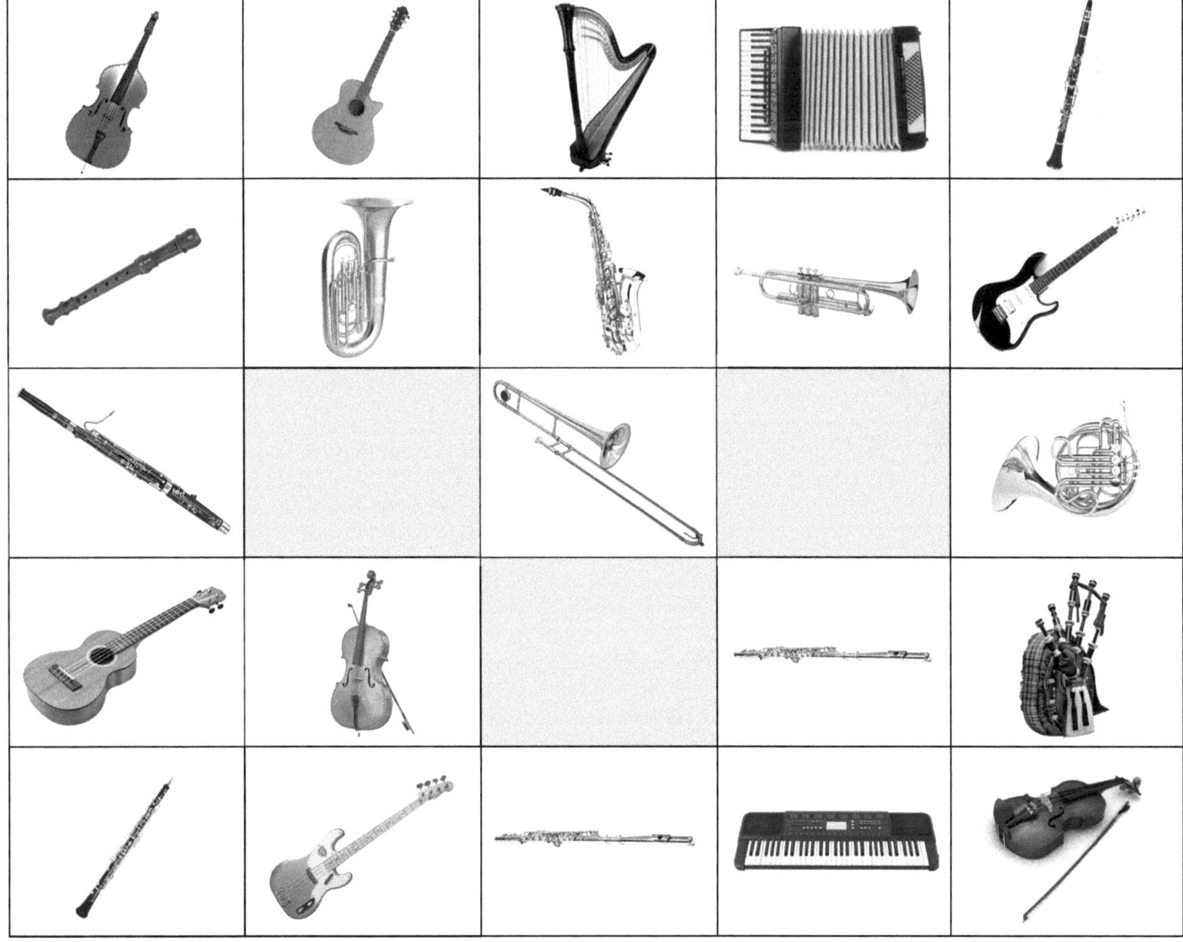

Musikrätsel für die Grundschule
Bunter Rätsel-Mix zu verschiedenen Themen des Musikunterrichts – Bestell-Nr. 13 080

Sitzordnung im Orchester

Aufgabe 20: *Wer sitzt wo? Trage die folgenden Instrumente an der richtigen Stelle in die 2. Abbildung ein:*

Bratschen (R), Trompeten (K), Celli (T), Hörner (Z), Querflöten (E), Tuba (O), Harfe (N)

Von oben nach unten und von links nach rechts gelesen ergeben die Buchstaben in den Klammern hinter den Instrumenten ein Lösungswort.

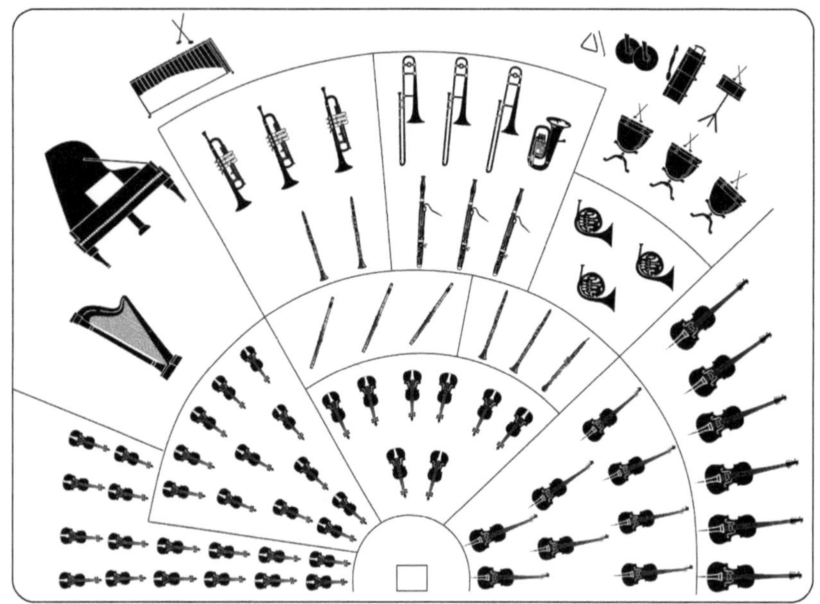

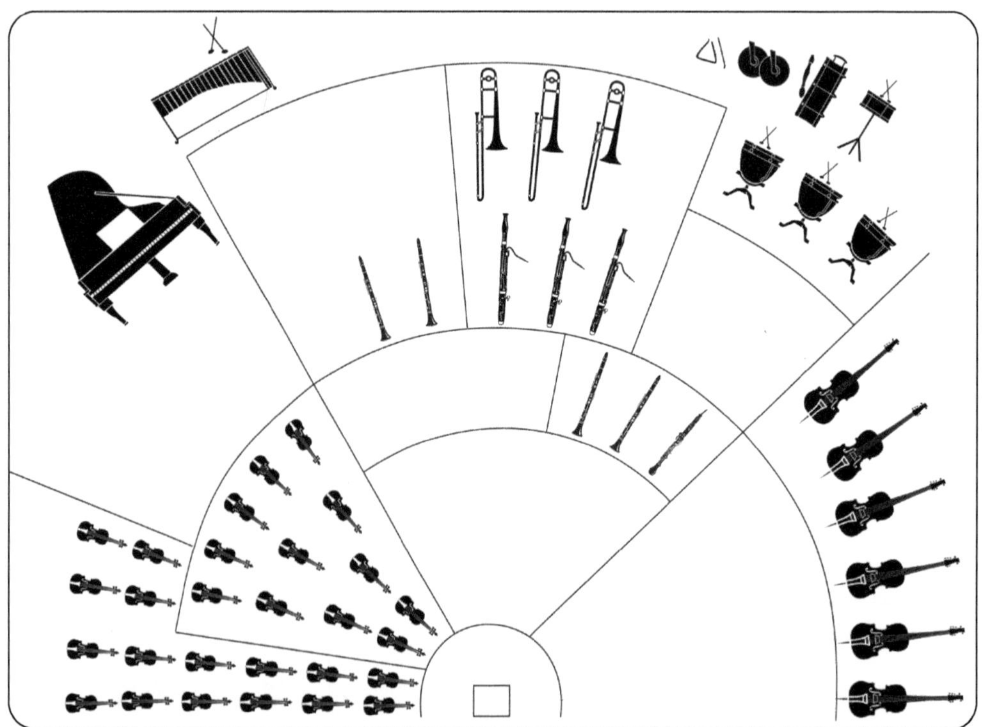

Lösungswort: ______________________

Musikrätsel für die Grundschule

Saiten- und Streichinstrumente

Aufgabe 21: *Die folgende Abbildung zeigt verschiedene Saiteninstrumente. Welche dieser Saiteninstrumente gelten auch als Streichinstrumente? Die Buchstaben unter den Streichinstrumenten ergeben ein Lösungswort.*

E-Gitarre (K)	Cello (D)	Akustikgitarre (S)	klassische Gitarre (P)	Geige / Violine (U)	Ukulele (W)	Kontrabass (R)

Harfe (L)	Banjo (F)	Sitar (B)	Laute (R)	Leier (K)	Mandoline (Q)	Balalaika (I)

Lösungswort: ____________________

KOHL VERLAG
Musikrätsel für die Grundschule
Bunter Rätsel-Mix zu verschiedenen Themen des Musikunterrichts – Bestell-Nr. 13 080

Stimmig? (Thema Chor / Stimmlagen)

Aufgabe 22: *Chöre singen oft vierstimmig. Trage die verschiedenen Stimmlagen passend in die Tabelle ein: Tenor (I), Alt (R), Bass (E), Sopran (A). Es entsteht ein Lösungswort.*

Hohe Frauenstimme		
Tiefe Frauenstimme		
Hohe Herrenstimme		
Tiefe Herrenstimme		

Tolle Teams (Thema Instrumentengruppen)

Aufgabe 23: *Ordne die folgenden Musikinstrumente den Instrumentengruppen Streichinstrumente, Holzblasinstrumente und Blechblasinstrumente zu. Färbe alle Felder mit Streichinstrumenten lila, alle Felder mit Holzblasinstrumenten gelb und alle Blechblasinstrumente rot. Es entsteht ein Muster.*

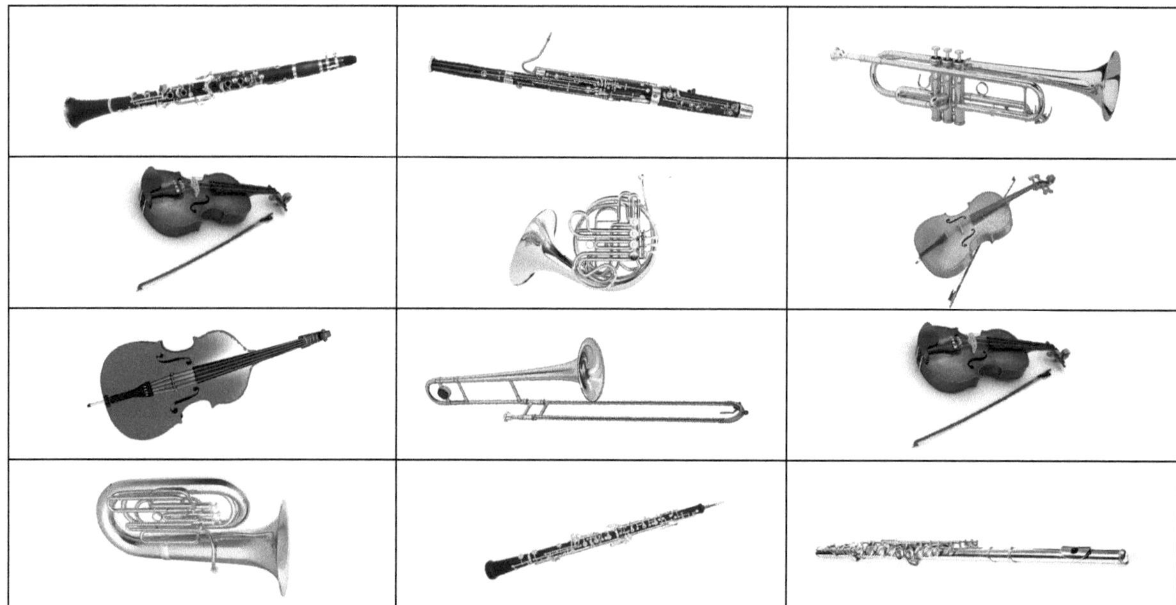

Musikrätsel für die Grundschule

Instrumentenquiz

Aufgabe 24: *Wenn du die richtigen Antworten findest, erhältst du ein Lösungswort.*

1. Mit den Haaren welchen Tieres werden die Bögen von Streichinstrumenten bespannt?

   Schaf (D) ○
   Alpaka (I) ○
   Pferd (G) ○

2. Wie viele Saiten hat eine Ukulele?

   4 (E) ○
   6 (A) ○
   8 (I) ○

3. Welches Instrument wird auch Viola genannt?

   Geige (U) ○
   Bratsche (I) ○
   Fagott (M) ○

4. Welches Instrument ist kein Streichinstrument?

   Gitarre (G) ○
   Violoncello (M) ○
   Violine (R) ○

5. Welches Instrument ist ein Blechblasinstrument?

   Orgel (A) ○
   Tuba (E) ○
   Akkordeon (B) ○

6. Wie viele Tasten hat ein Klavier?

   80 (S) ○
   86 (E) ○
   88 (N) ○

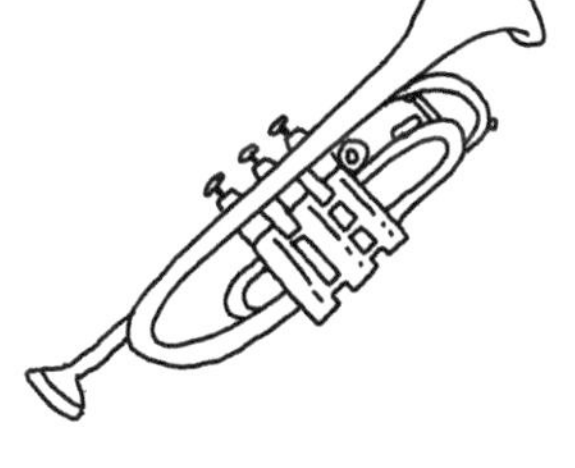

Musikrätsel für die Grundschule
Bunter Rätsel-Mix zu verschiedenen Themen des Musikunterrichts – Bestell-Nr. 13 080

Instrumentenquiz

7. Wie viele Saiten hat eine Harfe?
   - 37 (T) ○
   - 47 (B) ○
   - 67 (D) ○

8. Welches Instrument ist der Vorgänger des Klaviers?
   - Cembalo (A) ○
   - Akkordeon (O) ○
   - Keyboard (U) ○

9. Aus welchem Material sind Saiten ***nicht*** gemacht?
   - Darm (S) ○
   - Stahl (P) ○
   - Holz (U) ○

10. Wie heißt das tiefste Streichinstrument?
    - Kontrabass (E) ○
    - Bratsche (W) ○
    - Cello (K) ○

11. Welches Instrument ähnelt der Oboe?
    - Englischhorn (R) ○
    - Französischtuba (T) ○
    - Spanischgitarre (S) ○

Lösungswort: ____________________

Dynamik und Co.

<u>Aufgabe 25</u>: *Verbinde die Vortragsvorgaben (links) jeweils mit ihrem Gegensatz (rechts) von Punkt zu Punkt. Nutze ein Lineal. Die Buchstaben, die durch durchquerst ergeben ein Lösungswort.*

piano	*p*
decrescendo	>
accelerando	*acc.*
fortissimo	*ff*

D L O T E N U K R S H A

pp	pianissimo
rall.	rallentando
f	forte
<	crescendo

Kleines Musikwörterbuch

<u>Aufgabe 26</u>: *Füge die Bedeutungen der Vortragsbezeichnungen in die Tabelle ein. Die Buchstaben in Klammern ergeben ein Lösungswort.*

Begriff	Abkürzung	Bedeutung	Buchstabe
piano	p		
forte	f		
pianissimo	pp		
fortissimo	ff		
crescendo	cresc.		
decrescendo	decresc.		
mezzoforte	mf		
accelerando	accel.		
ritardando	rit.		
staccato	stacc.		

sehr leise (M) – mittellaut (E) – laut (I) – leiser werden (U) – langsamer werden (D) – leise (D) – sehr laut (I) – lauter werden (N) – schneller werden (N) – kurz / abgehackt (O)

Recherchiere, was das Lösungswort bedeutet: ______________________

Musikrätsel für die Grundschule
Bunter Rätsel-Mix zu verschiedenen Themen des Musikunterrichts – Bestell-Nr. 13 080

KOHL VERLAG

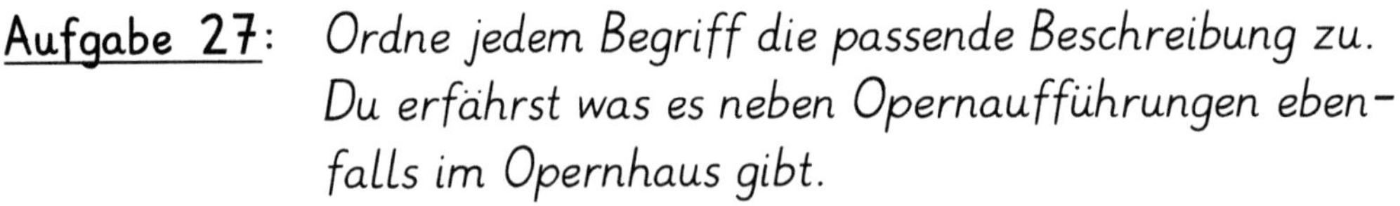

Das Opernhaus

Aufgabe 27: *Ordne jedem Begriff die passende Beschreibung zu. Du erfährst was es neben Opernaufführungen ebenfalls im Opernhaus gibt.*

Begriff
Foyer
Bühne
Orchester-graben
Zuschauer-raum
Schneiderei
Werkstatt
Vorhang
Kantine
Pforte
Maske
Requisite
Kasse

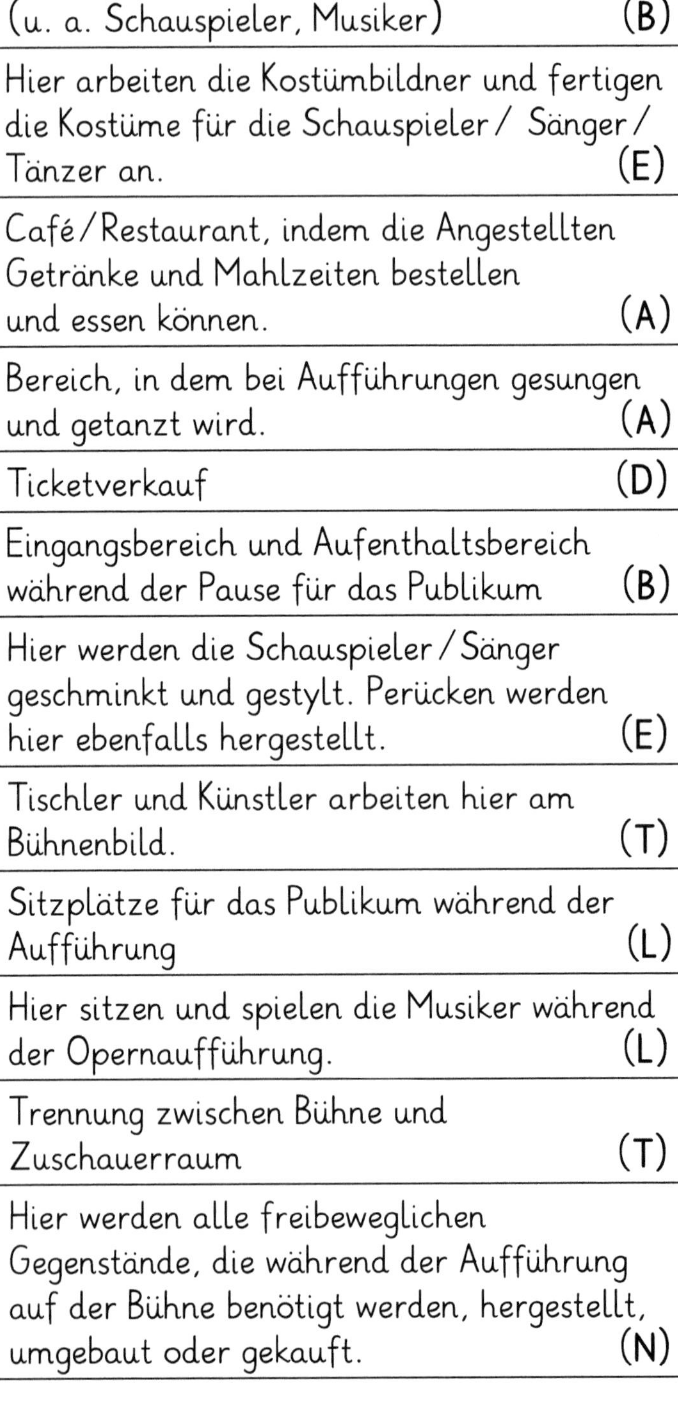

Beschreibung	
Eingang für die Angestellten (u. a. Schauspieler, Musiker)	(B)
Hier arbeiten die Kostümbildner und fertigen die Kostüme für die Schauspieler / Sänger / Tänzer an.	(E)
Café / Restaurant, indem die Angestellten Getränke und Mahlzeiten bestellen und essen können.	(A)
Bereich, in dem bei Aufführungen gesungen und getanzt wird.	(A)
Ticketverkauf	(D)
Eingangsbereich und Aufenthaltsbereich während der Pause für das Publikum	(B)
Hier werden die Schauspieler / Sänger geschminkt und gestylt. Perücken werden hier ebenfalls hergestellt.	(E)
Tischler und Künstler arbeiten hier am Bühnenbild.	(T)
Sitzplätze für das Publikum während der Aufführung	(L)
Hier sitzen und spielen die Musiker während der Opernaufführung.	(L)
Trennung zwischen Bühne und Zuschauerraum	(T)
Hier werden alle freibeweglichen Gegenstände, die während der Aufführung auf der Bühne benötigt werden, hergestellt, umgebaut oder gekauft.	(N)

Lösung: ______________________________

Wo Musik zuhause ist (Internetrecherche)

Aufgabe 28: *Ordne den Konzerthäusern die entsprechenden Bilder zu. Du erhältst als Lösungswort die Bezeichnung vieler Konzerthäuser.*

(1) Heydar-Aliyev-Zentrum Baku

(2) Mailänder Skala

(3) The Palau de la Musica Catalana Barcelona

(4) Walt Disney Concert Hall Los Angeles

(5) Royal Albert Hall

(6) Philharmonie Berlin

(7) The Sage bei Newcastle

(8) Philharmonie Paris

(9) Sydney Opera House

(10) Elbphilharmonie

(11) Gewandhaus Leipzig

(12) Wiener Musikverein

Lösungswort:

1	2	3	4	5	6	7	8	9	10	11	12

KOHL VERLAG
Musikrätsel für die Grundschule
Bunter Rätsel-Mix zu verschiedenen Themen des Musikunterrichts – Bestell-Nr. 13 080

Komponistenkartei

Wolfgang Amadeus Mozart

geboren am 27. Januar 1756 in Salzburg

Epoche: Klassik

Werke: Zauberflöte, Eine kleine Nachtmusik, Don Giovanni, über 40 Sinfonien

Er wurde nur 35 Jahre alt.

(N)

Ludwig von Beethoven

geboren im Dezember 1770 in Bonn

Epoche: Klassik

Werke: Für Elise, Ode an die Freude

Er litt an Gehörleiden, die sich bis zur fast völligen Taubheit verschlimmerten.

(I)

Johann Sebastian Bach

geboren am 31. März 1685 in Eisenach

Epoche: Barock

Werke: Das wohltemperierte Klavier, Weihnachtsoratorium, Air

Bach brachte sich das Komponieren selbst bei.

(P)

Camille Saint-Saens

geboren am 9. Oktober 1835 in Paris

Epoche: Romantik

Werke: Karneval der Tiere, Oper „Samson et Dalila"

Er interessierte sich auch für Astronomie, Dichtung, Philosophie, Archäologie und Biologie.

(C)

Sergei Sergejewitsch Prokofjev

geboren am 23. April 1891 im damaligen russischen Kaiserreich

Epoche: Moderne

Werke: Peter und der Wolf, Ballettmusik: Romeo und Julia

Er lebte auch in Amerika und Frankreich.

(A)

Antonin Dvorak

geboren am 8. September 1841 in Nelahozeves in Tschechien

Epoche: Romantik

Werke: Cellokonzert, Sinfonie aus der Neuen Welt, slawische Tänze

Er wollte zunächst wie sein Vater Metzger werden.

(C)

Komponistenkartei

Frédéric Chopin

geboren am 1. März 1810 in Zelazowa Wola in Polen

Epoche: Romantik

Werke: Nocturne, überwiegend Klavierwerke

Sein Vater war Franzose, seine Mutter Polin.

Modest Petrowitsch Mussorgsky

geboren am 21.3.1839 in Gut Karewo im russischen Kaiserreich

Epoche: Romantik

Werke: Bilder einer Ausstellung, Eine Nacht auf dem kahlen Berge

Er besuchte eine Militarschule.

Johannes Brahms

geboren am 7. Mai 1833 in Hamburg

Epoche: Romantik

Werke: ungarische Tänze, deutsches Requiem, Wiegenlied „Guten Abend, gut' Nacht"

Beethoven war sein Vorbild.

Edward Elgar

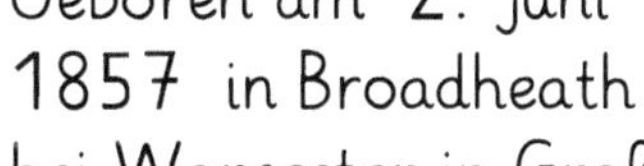

Geboren am 2. Juni 1857 in Broadheath bei Worcester in Großbritannien

Epoche: Romantik

Werke: Enigma Variationen, Pomp and circumstance

Er übernahm das Musikgeschäft seiner Eltern.

S

Edvard Grieg

geboren am 15. Juni 1843 in Bergen in Norwegen

Epoche: Romantik

Werke: Peer Gynt-Suite, lyrische Stücke

Er liebte seine Heimat und die norwegische Volksmusik.

H

Franz Schubert

geboren am 31. Januar 1797 in Wien

Epoche: Romantik

Werke: Kunstlieder, u.a. „Der Erlkönig", Liederzyklus „Winterreise", Forellenquintett, Stabat Mater (Chormusik), Sinfonie Nr. 7 (Die Unvollendete)

Er wurde nur 31 Jahre alt.

E

Komponistenkartei

Robert Schumann geboren am 8. Juni 1810 in Zwickau  Robert Schumann. Epoche: Romantik Werke: Kinderszenen, Fantasiestücke, Klavierkonzert a-moll Als er die Pianistin Clara Wieck heiratete, schrieb er innerhalb eines Jahres fast 150 Lieder. (N)	**Claude Debussy** geboren am 22. August 1862 in Saint-Germain -en-Laye in Frankreich Epoche: Romantik, Moderne Werke: La mer, Prélude à l'après-midi d'un faune, Les Nocturnes, Clair de lune, Children's corner Er ließ sich von fernöstlicher und russischer Musik beeinflussen. (P)
Gabriel Fauré geboren am 12. Mai 1845 in Pamier in Frankreich  Epoche: Impressionismus Werke: Sicilienne, Après un reve, Élégie, Requiem Er war Direktor des Pariser Konservatoriums.  (T)	**Hector Berlioz** geboren am 11. Dezember 1803 in La Cote-Saint-André in Frankreich Epoche: Romantik Werke: Symphonie fantastique, Requiem, Les nuits d'été, Le Corsaire Er studierte zunächst Medizin. (R)
Dmitri Dmitrijewitsch Schostakowitsch geboren am 25. September 1906 in Sankt Petersburg in Russland   Epoche: Moderne Werke: Sinfonien 5,7, 8 und 10, 2. Klavierkonzert, 1. Cellokonzert, Streichquartett Nr. 8, Suite für Jazzorchester, Walzer Nr. 2 Er arbeitet als Stummfilmpianist. (ß)	**Georg Friedrich Händel** geboren in 5. März 1685 in Halle (Saale)  Epoche: Barock Werke: Messiah, Wassermusik, Feuerwerksmusik Er schrieb über 40 Opern.   (M)

Komponistenkartei

Joseph Haydn
geboren am 31. März 1732 in Rohrau in Österreich

Epoche: Klassik

Werke: Die Schöpfung, Deutsche Nationalhymne

Er schrieb über 100 Sinfonien. (O)

Claudio Zuan Antonio Monteverdi
geboren 1567 in Cremona in Italien

Epoche: Renaissance, Barock

Werke: Oper L'Orfeo, Marienvesper, Oper L'Arianna

Er gilt als der Erfinder der Oper. (K)

Georges Bizet
geboren am 25. Oktober 1838 in Paris in Frankreich

Epoche: Romantik

Werke: Carmen, Habanera, L'Arlésienne

Die bekannte Oper Carmen wurde erst nach seinem Tod beliebt und berühmt. (H)

Antonio Vivaldi
geboren am 4. März 1678 in Venedig in Italien

Epoche: Barock

Werke: Die vier Jahreszeiten, Gloria, Magnificat

Er war auch Geiger und Priester.

Richard Wagner
geboren am 22. Mai 1813 in Leipzig

Epoche: Romantik

Werke: Der Ring des Nibelungen, Parsifal, Der fliegende Holländer

Er war auch Schriftsteller und Theaterregisseur.

Pjotr Iljitsch Tschaikowsky
geboren am 7. Mai 1840 in Wotkinsk in Russland

Epoche: Romantik

Werke: Ballette wie Schwanensee oder der Nussknacker

Er schlug zunächst eine Beamten-laufbahn als Rechtsanwalt ein.

Berühmte Geburtstage

Aufgabe 29: Wer lebte wann? Ordne die Komponisten der Komponistenkartei nach ihrem Geburtsjahr.

Lösungssatz: ______________________________

KOHL VERLAG
Musikrätsel für die Grundschule
Bunter Rätsel-Mix zu verschiedenen Themen des Musikunterrichts – Bestell-Nr. 13 080

Gesucht ist ...

Welcher Komponist ist gemeint? Finde mit Hilfe der Komponistenkartei (Seite 30 - 33) heraus, welcher Komponist gemeint ist. Die Buchstaben auf den Karteikarten ergeben eine Lösung.

Rätsel 1:

1. Der russische Komponist schrieb viele Ballettmusiken und arbeitete davor als Rechtsanwalt.
2. Er stammt aus Tschechien und wollte zunächst wie sein Vater Metzger werden. Besonders berühmt ist seine 9. Sinfonie „Aus der neuen Welt".
3. Der norwegische Komponist schrieb die Peer-Gynt Suite.
4. Der russische Komponist schrieb „Bilder einer Ausstellung".
5. Er hatte einen französischen Vater und eine polnische Mutter und schrieb überwiegend Klavierwerke.
6. Der deutsche Komponist der Romantik schrieb für seine Frau 150 Lieder.
7. Der deutsche Komponist wurde 1770 in Bonn geboren.
8. Der deutsche Komponist schrieb das Wiegenlied „Guten Abend, gut' Nacht".

Lösung: ___ ___ ___ ___ G ___ ___ ___ ___ L

Rätsel 2:

1. Der britische Komponist besaß ein Musikgeschäft.
2. Der österreichische Komponist der Klassik schrieb über 100 Sinfonien.
3. Er wurde nur 35 Jahre alt und schrieb „Die Zauberflöte".
4. Er schrieb „Eine kleine Nachtmusik" und die Oper „Don Giovanni".
5. Dieser Komponist aus Wien schrieb „Der Erlkönig".

Lösung: ___ ___ ___ ___ ___

Rätsel 3:

1. Der britische Komponist schrieb „Pomp and circumstance".
2. Der französische Komponist des Impressionismus war Direktor des Pariser Konservatoriums.
3. Dieser deutsche Komponist war fast vollständig gehörlos.
4. Der deutsche Barockkomponist schrieb über 40 Opern.
5. Der deutsche Komponist war auch Schriftsteller und Theaterregisseur. Er schreib „Der Ring des Nibelungen" und weitere Opern.
6. Aus seiner Feder stammt „Der Nussknacker".

Lösung: ___ ___ ___ ___ ___ ___

Epochen (Thema Musikgeschichte)

Die Musikgeschichte lässt sich in die folgenden Epochen einteilen:

Mittelalter (ca. 500 - 1400)

Renaissance (ca. 1400 - 1600)

Barock (ca. 1600 - 1750)

Klassik (ca. 1750 - 1820)

Romantik (ca. 1850 - 1910)

Moderne (ca. 1890 - 1945)

Zeitgenössische Musik (ab ca. 1945)

<u>Aufgabe 30</u>: *Ordne die folgenden Komponisten den Epochen Barock, Klassik und Romantik zu. Als Hilfe dient dir die Komponistenkartei.*

Brahms (R), Beethoven (D), Chopin (O), Schumann (M), Berlioz (A), Vivaldi (W), Wagner (N), Bach (E), Dvorak (T), Haydn (E), Grieg (I), Händel (R), Bizet (K), Monteverdi (K), Mozart (R)

Barock	Klassik	Romantik

Lösung: ______________________________

Richard Wagner

Joseph Haydn

Johannes Brahms

KOHL VERLAG Musikrätsel für die Grundschule Bunter Rätsel-Mix zu verschiedenen Themen des Musikunterrichts – Bestell-Nr. 13 080

Versteckte Komponisten

__Aufgabe 31__: *Finde im Gitterrätsel die 24 Nachnamen der Komponisten aus der Komponisterkartei (S. 28 – 31).*

W	A	G	N	E	R	T	S	C	H	A	I	K	O	W	S	K	Y
I	D	V	O	R	A	K	I	H	U	N	G	U	Z	H	U	M	M
C	E	L	B	E	E	T	H	O	V	E	N	N	I	A	L	U	V
H	B	I	A	L	L	I	F	P	O	P	P	E	N	E	I	S	I
A	U	E	C	A	P	S	A	I	N	T	S	A	E	N	S	S	V
Y	S	C	H	U	M	A	N	N	P	F	I	L	B	D	S	O	A
D	S	H	R	M	O	N	T	E	V	E	R	D	I	E	E	R	L
N	Y	B	I	C	Z	I	D	D	A	R	I	K	Z	L	M	G	D
N	U	R	M	F	A	U	R	E	E	G	E	F	E	G	O	S	I
I	R	A	B	E	R	L	I	O	Z	R	I	E	T	S	C	K	O
S	C	H	O	S	T	A	K	O	W	I	T	S	C	H	K	Y	D
T	K	M	N	U	N	J	I	S	T	E	L	I	T	Z	O	K	E
A	E	S	D	N	I	V	E	E	L	G	A	R	I	M	E	P	Q
L	M	U	P	R	O	K	O	F	J	E	V	O	G	A	M	I	D

Versteckte Karnevalsbesucher (Thema: Karneval der Tiere)

__Aufgabe 32__: *Finde die Namen der einzelnen Sätze (Tiere) des „Karneval der Tiere" von Camille Saint-Saëns im Gitterrätsel.*

U	A	F	U	L	M	I	N	G	E	N	C	H	O	S	S	A
N	Q	U	I	R	S	C	H	I	L	D	K	R	O	E	T	E
K	U	C	K	U	C	K	U	E	O	S	T	E	F	I	M	B
A	A	L	N	I	H	O	S	S	E	L	E	F	A	N	T	U
E	R	W	E	R	W	U	D	I	W	A	R	N	I	P	U	N
N	I	D	C	K	A	T	T	I	E	S	E	L	N	F	P	O
G	U	H	A	H	N	H	U	E	H	N	E	R	D	Q	L	S
U	M	D	O	L	A	U	M	D	E	B	I	R	E	U	I	T
R	M	E	B	V	O	G	E	L	H	A	U	S	S	U	N	G
U	I	L	M	U	N	P	I	S	C	H	A	R	I	M	P	F

Wer macht mit? (Thema: Karneval der Tiere)

<u>Aufgabe 33</u>: *Welche Tiere kommen im Musikstück „Karneval der Tiere" vor? Die Buchstaben hinter den Karnevalsteilnehmern ergeben ein Lösungswort.*

Hai (D)
Fisch (S)
Esel (A)
Tiger (F)
Löwe (I)
Maus (E)
Papagei (P)
Kängurus (N)
Schildkröten (T)
Adler (C)
Biber (H)
Hühner & Hähne (S)
Schwan (A)
Wolf (T)
Fossilien (E)
Spinne (I)
Elefant (N)
Kuckuck (S)
Affe (T)

Lösungswort: ______________________________

Musikrätsel für die Grundschule
Bunter Rätsel-Mix zu verschiedenen Themen des Musikunterrichts – Bestell-Nr. 13 080
KOHL VERLAG

Moldau- Logical

<u>Aufgabe 34</u>: *Ein tschechischer Komponist beschreibt in seinem Musikwerk „Die Moldau" den Lauf des Flusses. Dabei kommen folgende Szenen vor. Mit Hilfe der Hinweise 1 bis 7 (unten) kannst du die Szenen in die richtige Reihenfolge bringen. Die Buchstaben hinter den Szenen ergeben ein Lösungswort.*

- Der Fluss fließt mit rauschender Strömung durch Böhmen. (M)
- Im Mondlicht führen Wassernixen einen Reigen auf. (A)
- Die Moldau fließt durch die prachtvolle Stadt Prag. Auf einem Berg am Flussufer tront eine Burg. (A)
- Zwei Quellen (die eine warm und sprudelnd, die andere kühl und ernst) entspringen im Böhmer Wald und vereinigen sich schließlich zur Moldau. (S)
- In Kiefernwälder erklingen Jagdhörner. (E)
- An den Stromschnellen Sankt Johann fließt der Fluss zwischen engen Felswänden hindurch. (N)
- Eine Bauernhochzeit findet in der Nähe des Flusses statt. (T)

1. Bevor die Moldau an der Bauernhochzeit vorbeifließt, passiert sie einen Wald, in dem gejagt wird.
2. Nachdem die Stromschnellen Sankt Johann erreicht wurden, fließt die Moldau durch die Stadt Prag.
3. Nach der Bauernhochzeit bricht die Nacht herein.
4. Zu Beginn des Stückes hört man die zwei verschiedenen Quellen.
5. Vor dem Erreichen der Stromschnellen Sankt Johann tanzen die Wassernixen im Mondschein.
6. Am Ende des Stückes durchfließt die Moldau die Stadt Prag.
7. Bevor im Wald die Jagdhörner ertönen, wächst die Moldau in Böhmen zu einem Fluss mit rauschender Strömung.

Die Zauberflöte

Aufgabe 35: *Richtig oder falsch? Die richtigen und die falschen Aussagen ergeben jeweils ein Lösungswort.*

	richtig	falsch
Der Komponist der Zauberflöte heißt Ludwig von Beethoven.	S	O
Der Text, der für eine Oper geschrieben wurde, heißt Libretto.	P	L
Die Oper beginnt mit einem Musikstück ohne Gesang, das Ouvertüre genannt wird.	A	E
Der König Sarastro und die Königin der Nacht lieben sich.	I	P
Die Tochter der Königin der Nacht heißt Pamina.	N	F
Der Prinz Tamino verliebt sich in Tamina.	A	E
Der König Sarastro hält Pamina gefangen.	F	M
Der Vogelfänger heißt Papageno und spielt Panflöte.	L	E
Papagenos Panflöte ist die Zauberflöte.	P	R
Der Prinz Tamino bekommt eine Zauberflöte, mit dessen Hilfe er Pamina befreien soll.	Ö	R
Papageno lenkt die Wachen des Königs mit dem Klang eines Glockenspieles ab.	T	Ä
Papageno verliebt sich in Papagena.	E	S

Die drei Damen

Königin der Nacht

Sarastro

Tamino

Pamina

Papageno

Papagena

Monostatus

Musikrätsel für die Grundschule
Bunter Rätsel-Mix zu verschiedenen Themen des Musikunterrichts – Bestell-Nr. 13 080

Bilder einer Ausstellung – Eine musikalische Galerie

Aufgabe 36: Der russische Komponist Mussorgsky erfand zu mehreren Bildern Musik.

Ordne den Beschreibungen der einzelnen Musikstücke einen Titel aus dem Werk „Bilder einer Ausstellung" zu.

Beschreibung von Bild und / oder Musik	Musiktitel
Auf einem Marktplatz ist eine Kuh entlaufen und man hört das Geschnatter und Gestreite der Marktfrauen.	Baba Yaga (E)
Lange Töne begleiten die Hörer in unheimliche unterirdische Gänge.	Tuilerien (N)
Ein Ochsenkarren nähert sich, fährt vorbei und verschwindet in der Ferne.	Gnomus (E)
Zwei Männer werden gegensätzlich dargestellt. Der eine ist stolz und wohlhabend, der andere ist arm und beklagt sich darüber.	Das alte Schloss (D)
Eine Hexe fliegt begleitet von Akzenten und wilden Rhythmen durch den dichten Wald.	Limoges (Marktplatz) (P)
In den Gärten spielen Kindern, die sich streiten und getröstet werden.	Ballett der Küken in den Eierschalen (N)
Ein majestätisches, schön verziertes Stadttor mit Glockenturm!	Bydlo (O)
Ein Troubadour steht vor einem Schloss und singt ein Liebeslied.	Katakomben (R)
Ein finsterer Zwerg mit krummen Beinen springt wild umher.	Samuel Goldenberg und Schmuyle (M)
Kleine Küken gackern und schlagen aufgeregt mit den Flügeln.	Das große Tor von Kiev (A)

Lösungswort: ______________________________

Der Zauberlehrling

__Aufgabe 37__: *Die Sätze der Geschichte sind durcheinandergeraten. Bringe sie in die richtige Reihenfolge. Du erhältst ein Lösungswort.*

Nachdem der Meister das Haus verlassen hat, verzaubert der Zauberlehrling den Besen, damit dieser für ihn Wasser holt. (R)

Der Zauberlehrling weiß nicht wie er den Zauber stoppen soll. (C)

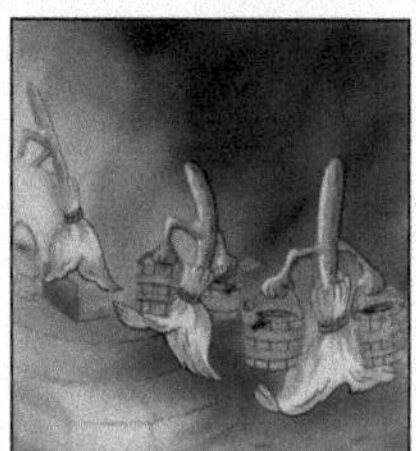

Bald sind die Wasservorräte aufgefüllt, doch der Besen holt trotzdem weiterhin Wasser. (Ü)

Bevor der Meister das Haus verlässt, beauftragt er den Zauberlehrling Wasser zu holen. (P)

Als der Meister zurückkehrt, beendet er den Zauber. (E)

Vor Verzweiflung zerhackt der Zauberlehrling den Besen, sodass daraufhin zwei Besen mehr und mehr Wasser holen. (H)

Der Zauberlehrling darf nur in Anwesenheit seines Meisters zaubern. (S)

KOHL VERLAG Musikrätsel für die Grundschule Bunter Rätsel-Mix zu verschiedenen Themen des Musikunterrichts – Bestell-Nr. 13 080

Peter und der Wolf

Aufgabe 38: *Ordne den Figuren (oben) die entsprechenden Instrumente (unten) zu. Es ergibt sich ein Lösungswort.*

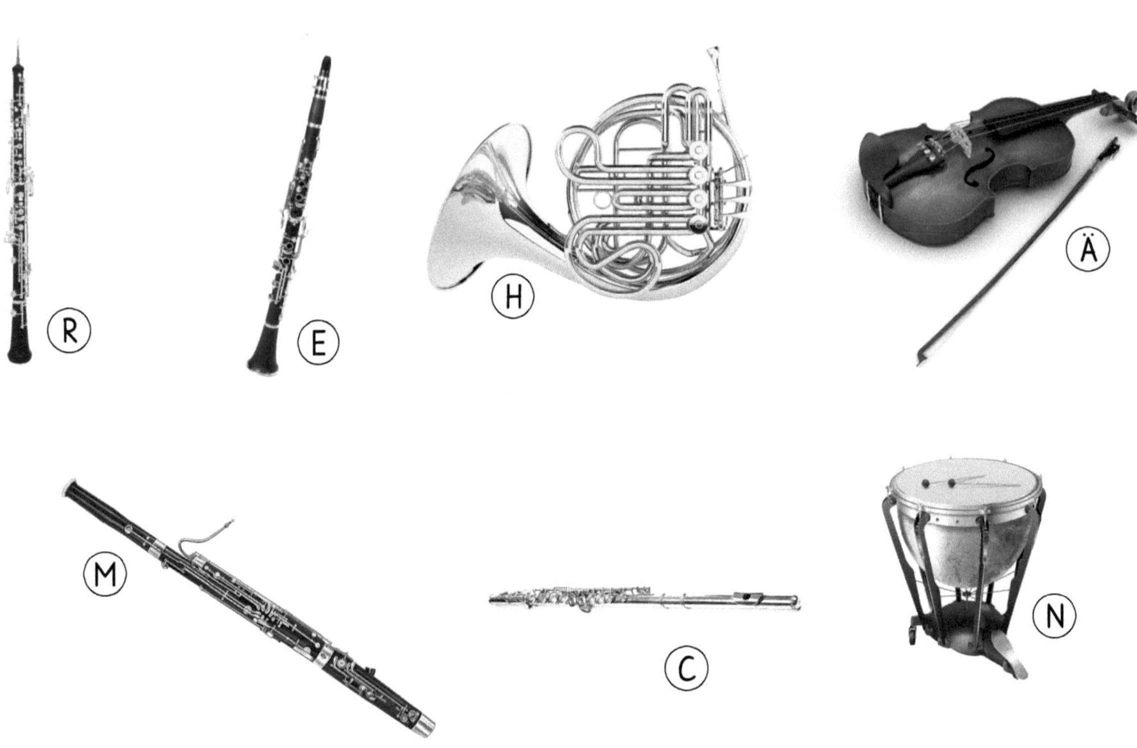

Lösungswort: ______________________

Lösungen

Aufgabe 1: Lösungsbild: Violinschlüssel

Aufgabe 2: Lösungsbild: Bassschlüssel

Aufgabe 3:

♩	♫	𝅗𝅥	𝅗𝅥	♩	♫	𝅗𝅥	♩	♫
𝅗𝅥	𝅝	♩	𝅗𝅥	𝅗𝅥	𝅝	♫	♩	𝅗𝅥
♩	♩	♫	♩	♫	♫	𝅗𝅥	♫	♫
𝅗𝅥	♩	𝅗𝅥	𝅝	♩	𝅝	♩	𝅗𝅥	♩
♫	♫	𝅝	♫	𝅗𝅥	♫	♫	𝅗𝅥	♩
♫	𝅗𝅥	♩	♩	𝅗𝅥	♩	♩	𝅝	♫
𝅝	𝅗𝅥	♫	𝅝	𝅝	𝅗𝅥	♫	𝅝	𝅗𝅥
♩	♩	♫	𝅗𝅥	♩	♫	♫	♫	♩
𝅗𝅥	𝅝	♩	♫	𝅝	♩	𝅝	𝅗𝅥	𝅗𝅥
𝅝	𝅗𝅥	𝅗𝅥	𝅝	♫	𝅝	𝅗𝅥	♩	𝅗𝅥
𝅗𝅥	♫	𝅝	♩	𝅗𝅥	♩	𝅝	♫	♩
𝅗𝅥	𝅝	♫	𝅗𝅥	♩	♫	♫	𝅗𝅥	♩

Aufgabe 4: Lösungswort: NOTENWERT

Aufgabe 5: Lösungsbild: Wiederholungszeichen

Aufgabe 6: Lösungswort: Musizieren

Aufgabe 7:

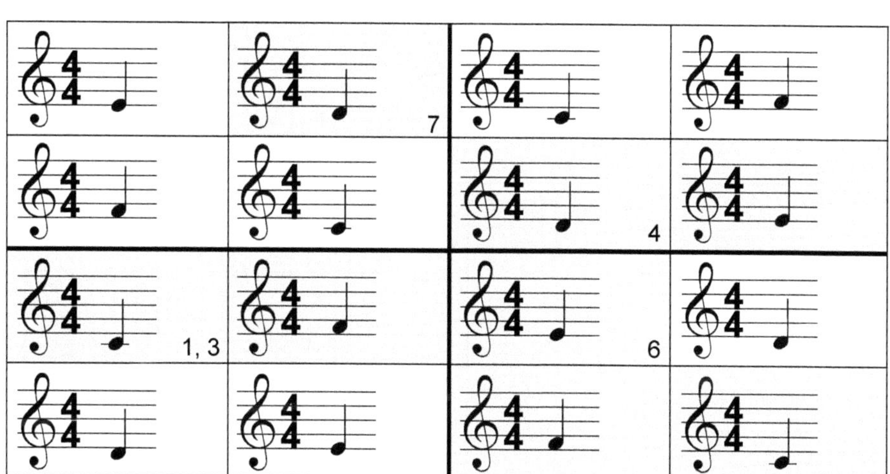

Lösungsmelodie: Row, row, row your boat

Musikrätsel für die Grundschule
Bunter Rätsel-Mix zu verschiedenen Themen des Musikunterrichts – Bestell-Nr. 13 080
KOHL VERLAG

Lösungen

Aufgabe 8: Die Lehrkraft spielt nacheinander vier Akkorde (Dur oder moll). Folgende Instrumente ergeben sich je nach Aneinanderreihung von Dur- und moll-Akkorden.

Dur, Dur, Dur, Dur: Flöte
Dur, Dur, Dur, moll: Schlagzeug
Dur, Dur, moll, Dur: Geige
Dur, Dur, moll, moll: Trompete
Dur, moll, Dur, Dur: Tuba
Dur, moll, Dur, moll: Klarinette
Dur, moll, moll, Dur: Gitarre
Dur, moll, moll, moll: Saxophon
moll, Dur, Dur, Dur: Harfe
moll, Dur, Dur, moll: Akkordeon
moll, Dur, moll, Dur: Keyboard
moll, Dur, moll, moll: Orgel
moll, moll, Dur, Dur: Dudelsack
moll, moll, Dur, moll: Oboe
moll, moll, moll, Dur: Horn
moll, moll, moll, moll: Bass

Aufgabe 9: FACH, HAFEN, GEFAENGNIS, DAECHER, SCHADE, LACHEN

Aufgabe 10: CHEF, DACH, AFFE, GEIGE, GAGE, HARFE

Aufgabe 11: HEFE, GEHEGE, FEIGE, ADE

Aufgabe 12: Sinfonieorchester und Chor

Aufgabe 13: Die Stradivari befindet sich im 5. Regalfach.

Aufgabe 14:
HUFE – HARFE
GEISTER – GEIGE
KRÖTE – FLÖTE
GRIMASSE – GITARRE
U-BOOT – OBOE
TROMMELN – TROMPETE
CHARLOTTE – FAGOTT
ZORN – HORN
TUBE – TUBA
DAMPFSAUNA – POSAUNE
Lösungswort: INSTRUMENT

Aufgabe 15:

Lösungen

Aufgabe 16:

TRIANGEL
GUIRO
GLÖCKCHEN
TAMBURIN
ZYMBELN
KLANGHÖLZER
DJEMBE
FLÖTE
KASTAGNETTEN
RASSEL
PFEIFE
XYLOPHON

Lösung: MUSIK MACHEN!

Aufgabe 17: HOLZBLASINSTRUMENT

Aufgabe 18:

							K	E	Y	B	O	A	R	D
					T	R	O	M	P	E	T	E		
S	A	X	O	P	H	O	N							
	S	C	H	L	A	G	Z	E	U	G				
							E	B	A	S	S			
		E	G	I	T	A	R	R	E					
						S	T	I	M	M	E			
	P	O	S	A	U	N	E							

Lösungswort: KONZERTE

Aufgabe 19:

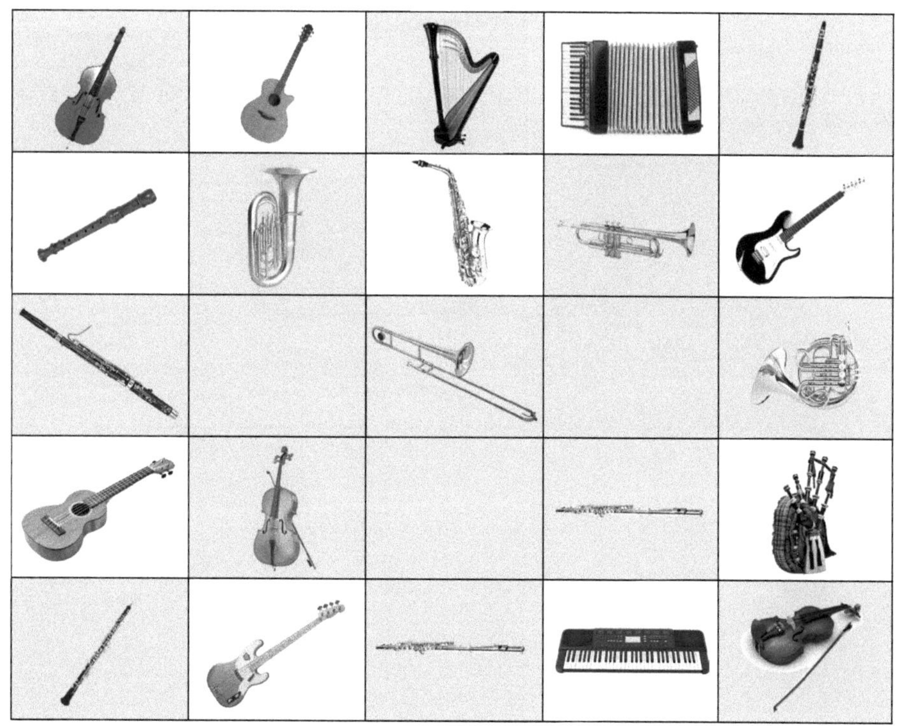

KOHL VERLAG
Musikrätsel für die Grundschule
Bunter Rätsel-Mix zu verschiedenen Themen des Musikunterrichts – Bestell-Nr. 13 080

Lösungen

Aufgabe 20:

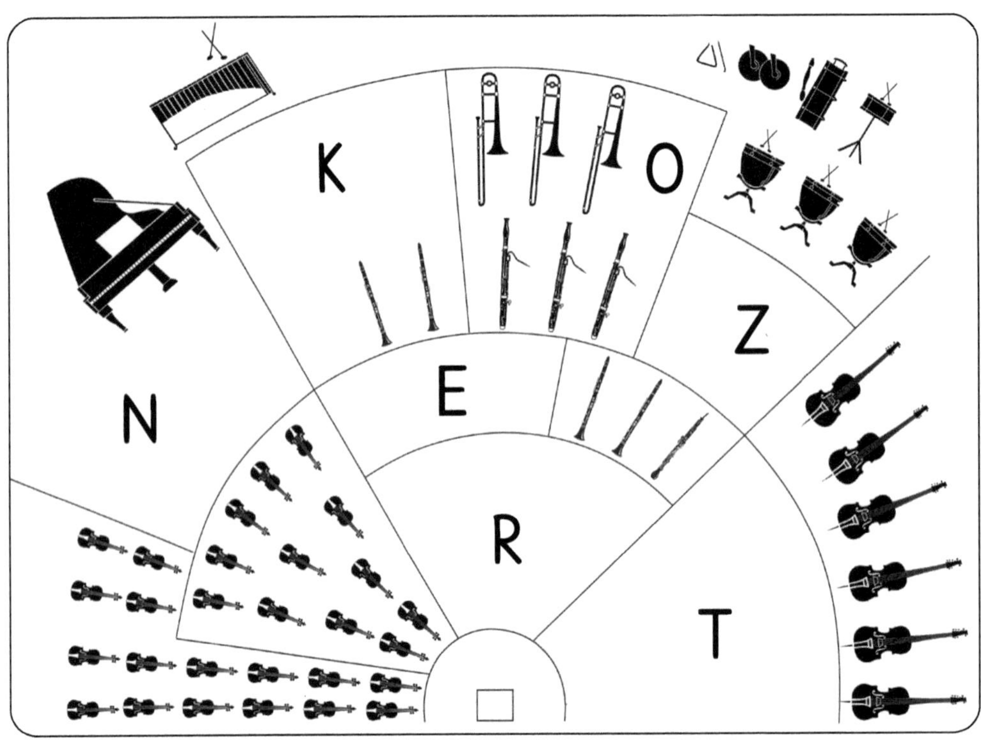

Lösungswort: KONZERT

Aufgabe 21: Lösungswort: DUR

Aufgabe 22: Lösungswort: ARIE

Aufgabe 23:

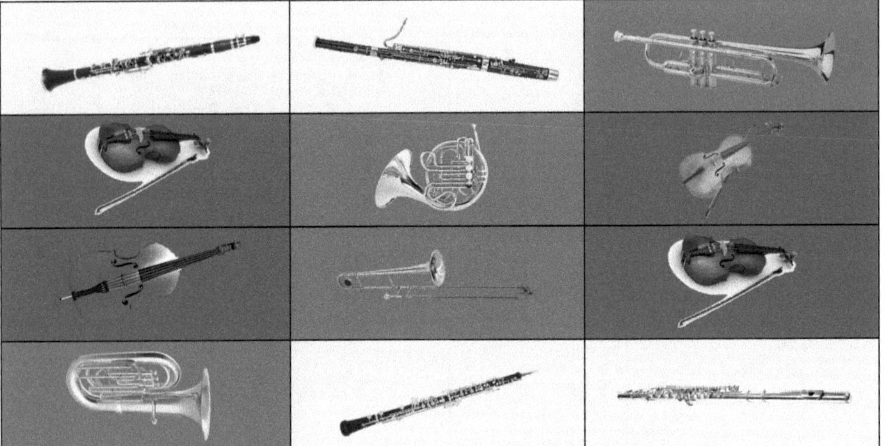

Lösungen

Aufgabe 24: Lösungswort: GEIGENBAUER

Aufgabe 25: Lösungswort: LAUT

Aufgabe 26: Lösungswort: DIMINUENDO (leiser werden)

Aufgabe 27: Lösungswort: BALLETTABEND

Aufgabe 28: Lösungswort: PHILHARMONIE

Aufgabe 29: Lösungssatz: Komponieren macht echt Spaß

Rätsel 1:

1. Tschaikowsky (E)
2. Dvorak (C)
3. Grieg (H)
4. Mussorgsky (T)
5. Chopin (E)
6. Schumann (N)
7. Beethoven (I)
8. Brahms (A)

Lösung: ECHT GENIAL

Rätsel 2:

1. Elgar (S)
2. Haydn (O)
3. Mozart (N)
4. Mozart (N)
5. Schubert (E)

Lösung: SONNE

Rätsel 3:

1. Elgar (S)
2. Fauré (T)
3. Beethoven (I)
4. Haendel (M)
5. Wagner (M)
6. Tschaikowsky (E)

Lösung: STIMME

Aufgabe 30:

Barock	Klassik	Romantik
Vivaldi	Beethoven	Brahms
Bach	Haydn	Chopin
Händel	Mozart	Schumann
Monteverdi		Berlioz
		Wagner
		Dvorak
		Grieg
		Bizet

Lösung: Werk der Romantik

KOHL VERLAG Musikrätsel für die Grundschule
Bunter Rätsel-Mix zu verschiedenen Themen des Musikunterrichts – Bestell-Nr. 13 080

Lösungen

Aufgabe 31:

W	A	G	N	E	R	T	S	C	H	A	I	K	O	W	S	K	Y
I	D	V	O	R	A	K	I	H	U	N	G	U	Z	H	U	M	M
C	E	L	B	E	E	T	H	O	V	E	N	N	I	A	L	U	V
H	B	I	A	L	L	I	F	P	O	P	P	E	N	E	I	S	I
A	U	E	C	A	P	S	A	I	N	T	S	A	E	N	S	S	V
Y	S	C	H	U	M	A	N	N	P	F	I	L	B	D	S	O	A
D	S	H	R	M	O	N	T	E	V	E	R	D	I	E	E	R	L
N	Y	B	I	C	Z	I	D	D	A	R	I	K	Z	L	M	G	D
N	U	R	M	F	A	U	R	E	E	G	E	F	E	G	O	S	I
I	R	A	B	E	R	L	I	O	Z	R	I	E	T	S	C	K	O
S	C	H	O	S	T	A	K	O	W	I	T	S	C	H	K	Y	D
T	K	M	N	U	N	J	I	S	T	E	L	I	T	Z	O	K	E
A	E	S	D	N	I	V	E	E	L	G	A	R	I	M	E	P	Q
L	M	U	P	R	O	K	O	F	J	E	V	O	G	A	M	I	D

Aufgabe 32:

U	A	F	U	L	M	I	N	G	E	N	C	H	O	S	S	A
N	Q	U	I	R	S	C	H	I	L	D	K	R	O	E	T	E
K	U	C	K	U	C	K	U	E	O	S	T	E	F	I	M	B
A	A	L	N	I	H	O	S	S	E	L	E	F	A	N	T	U
E	R	W	E	R	W	U	D	I	W	A	R	N	I	P	U	N
N	I	D	C	K	A	T	T	I	E	S	E	L	N	F	P	O
G	U	H	A	H	N	H	U	E	H	N	E	R	D	Q	L	S
U	M	D	O	L	A	U	M	D	E	B	I	R	E	U	I	T
R	M	E	B	V	O	G	E	L	H	A	U	S	S	U	N	G
U	I	L	M	U	N	P	I	S	C	H	A	R	I	M	P	F

Aufgabe 33: Lösungswort: SAINT-SAENS

Aufgabe 34: Lösungswort: SMETANA

Aufgabe 35: Lösungswörter: PANFLÖTE, OPER

Aufgabe 36: PROMENADEN

Aufgabe 37: Der Zauberlehrling darf nur in Anwesenheit seines Meisters zaubern. (S)

Bevor der Meister das Haus verlässt, beauftragt er den Zauberlehrling Wasser zu holen. (P)

Nachdem der Meister das Haus verlassen hat, verzaubert der Zauberlehrling den Besen, damit dieser für ihn Wasser holt. (R)

Bald sind die Wasservorräte aufgefüllt, doch der Besen holt trotzdem weiterhin Wasser. (Ü)

Der Zauberlehrling weiß nicht wie er den Zauber stoppen soll. (C)

Vor Verzweiflung zerhackt der Zauberlehrling den Besen, sodass daraufhin zwei Besen mehr und mehr Wasser holen. (H)

Als der Meister zurückkehrt, beendet er den Zauber. (E)

Lösungswort: SPRÜCHE

Aufgabe 38: MÄRCHEN